- 基于综合实践活动的生涯教育系列丛书
- 重庆市教育科学"十三五"规划2020年度课题（2020-10
- 重庆市普通高中数学课程创新基地、北碚区普通高中数学课程创新基地成果
- 重庆市教育委员会批准优秀学生社团"数学建模社"成果
- 重庆市首批中小学"支点"创新实验室成果

建模与数学文化

总主编 ◎ 欧　健

主　编 ◎ 廖海波　梁学友

西南大学出版社

图书在版编目(CIP)数据

建模与数学文化 / 廖海波, 梁学友主编. -- 重庆：西南大学出版社, 2023.10
(附中文丛)
ISBN 978-7-5697-2004-4

Ⅰ.①建… Ⅱ.①廖… ②梁… Ⅲ.①中学数学课—教学研究—高中 Ⅳ.①G633.602

中国国家版本馆CIP数据核字(2023)第201910号

建模与数学文化
JIANMO YU SHUXUE WENHUA

主　编　廖海波　梁学友

责任编辑：李虹利
责任校对：刘欣鑫
装帧设计：闻江文化
排　　版：杜霖森
出版发行：西南大学出版社(原西南师范大学出版社)
　　　　　地址：重庆市北碚区天生路2号
　　　　　邮编：400715
印　　刷：重庆天旭印务有限责任公司
幅面尺寸：185 mm×260 mm
印　张：7.25
字　数：129千字
版　次：2023年12月 第1版
印　次：2023年12月 第1次印刷
书　号：ISBN 978-7-5697-2004-4
定　价：20.80元

编审委员会

总顾问：宋乃庆

主　任：欧　健

副主任：刘汭雪　梁学友　黄仕友　彭红军　张　勇　徐　川
　　　　崔建萍　卓忠越　陈　铎

委　员：冯亚东　秦　耕　李海涛　李流芳　曾志新　王一波
　　　　张爱明　张万国　龙万明　涂登熬　刘芝花　常　山
　　　　范　伟　李正吉　吴丹丹　蒋邦龙　郑　举　李　越
　　　　林艳华　李朝彬　申佳鑫　杨泽新　向　颢　赵一旻
　　　　马　钊　张　宏　罗雅南　潘玉斌　秦绪宝　罗　键
　　　　付新民　张兵娟　范林佳

编写委员会

总 主 编：欧　健

本 册 主 编：廖海波　梁学友

本册副主编：刘　庆　徐磊冬　朱秀秀　涂登敖

编 写 者：郭治鑫　黄红伟　罗　涛　屈奕池
　　　　　张小飞　李　伟　向　鑫

总序一

新高考改革，出发点就是让学生拥有自主选择、自我负责的学习权。此种导向要求中学进行育人方式的变革，为学生开设生涯教育的课程，给予学生人生规划的指导，引导学生认识自己，明确自己的兴趣、性格、优势、价值取向，让学生以此为基础认识外界，更好地为自己设立生涯目标，并根据已拥有的资源规划实现目标。"遇见最美的自己"——基于综合实践活动的生涯教育系列教材，正是西南大学附属中学先于国家政策试点，通过不懈的实践探索，收获的基于综合实践活动推进生涯教育的特色研究成果。

如何通过生涯规划课程的学习引导学生学会自主选择，这一重要议题为我国教育改革与发展开拓了一个新的领域。"遇见最美的自己"——基于综合实践活动的生涯教育系列教材，从实践的角度架构了基于综合实践活动的生涯教育的基本框架，为服务于学生生成发展的育人模式的构建、学校教育品质的提升和学校实践改革的推进提供了重要启示，研究具有开拓意义。

第一，该套教材的目标定位和内容选择，是以"助学生找到人生方向"为根本宗旨，贯穿初高中，培养个体人生规划意识与技能，指导学生学会学习、学会选择，在充分认识自我和理解社会的基础上，平衡个人发展和社会发展的需求，初步设计合理的人生发展路径，促进个体生涯发展活动，提升生涯素养。

第二，教材的设计与安排，坚守"学生是学习与发展的主体"这一根本理念，不仅初高中分阶段相互衔接，进行了一体化设计，更重要的是通过活动为学生搭建主动选择的平台，以研究性学习、社区服务、社会实践、研学旅行、设计制作、职业体验等综合实践活动为载体，引导学生在活动中明确人生奋斗目标并激发生涯学习动力，而不是简单地为学生提供品类繁多的"超市商品"让学生选择。

第三，学校还开发了《传统武术奠基康勇人生》《食育与健康生活》《生物实践与创意生活》《数学视角看生活经济》《水科技与可持续发展》《乡土地理和家国情怀》等配套教材，结合校内外的学习实践和生活实践，将基于综合实践活动的生涯教育理论渗透到学科课程中，为学生生涯发展提供重要教育平台和资源，弥补学生社会经历缺乏、生活经验不足、实践体验机会太少等生涯教育短板，促进生涯教育过程性和动态性发展。主体教材和辅助教材相辅相助，将生涯教育和综合实践活动有效融合，让学生在沉浸式的体验中感知自己、认知职业、畅想未来。

第四，教材贴近学生，语言平实生动，联系初高中生活学习实际，通俗易懂；图文并茂，既有趣味的活动设计，又有学生实践的光影记录，观之可亲。学生可从课堂内的探索活动、课堂外的校本实践中深刻体验生涯力量，还可在教师的引导下从活动链接中习得生涯领域的重要概念及理论，为未来的生涯发展做好积累。

总体而言，整套教材以综合实践活动为基础，融入学科课程和劳动教育，以提升学生生涯规划能力为目的，不断强化适合生涯发展的认知能力、合作能力、创新能力、职业能力，力图帮助学生适应并服务于社会，获得终身学习、终身幸福的能力。

教书育人在细微处，学生成长在实践中。本套教材的出版，将丰富生涯教育的承载形式，为中小学开展并落实基于综合实践活动的生涯教育提供可借鉴的案例，有效加强中学生生涯教育，促进学生全面发展、终身发展和个性发展。希望广大学生也可以像西大附中学生一样"在最适合的时候遇到最美的自己"，希望更多的学校像西大附中一样"为学生一生的生涯幸福奠基，让他们成长为自己满意的样子"。

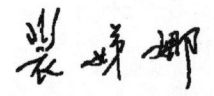

(北京师范大学资深教授，博士生导师，当代教育名家，
中国课程与教学论领军人物，全国教学论专业委员会主任)

总序二

寒来暑往,西南大学附属中学在生涯教育这片热土上已躬耕二十余年。多年实践让我们相信,学校的课程、活动、校本教材都应回到问题的原点:什么是教育?

教育,是将自然人培养成社会人的过程,是帮助每一个孩子认识自己、发现自己,让他既能成长为自己心中最美的样子,又能符合国家、社会对人才的需求。

因此,我们希望实现这样一种生涯教育:让学生有智慧地参与综合实践活动,从活动中生发智慧;让学生有德性地参与综合实践活动,在活动中完善德性;让学生带着对美的追求参与到活动中,在活动中提升创造美的能力。一个拥有智慧与德性、能够欣赏美创造美的个体,定然能够在瞬息万变的世界里立定脚跟,也能够在喧喧嚷嚷中细心呵护一枝蔷薇。

秉持这样的理念,我们编写了"遇见最美的自己"——基于综合实践活动的生涯教育系列教材,着力帮助学生更好地适应未来不同阶段的身份、角色。希望学习此书的孩子们,不必因为不懂自己、不明环境、不会选择而错失遇见最美自己的机会。请打开这些书,热情地投入到探索活动中,感知自己的心跳起伏,喜恶悲欣;细细品读每个生涯故事,观察他人的生活,触碰更多可能;更要在校本实践中交流碰撞,磨砺成长……这些书将是孩子们生涯成长路上的小伙伴,陪在身旁,给予力量。希望大家从此学会学习,学会选择,学会生活。

基于综合实践活动的生涯教育是为幸福人生奠基的教育。我相信,当每一个个体恰如其分地成长为自己所喜欢的样子,拥有人生幸福的能力,就同样能为他人带来幸福,为社会创造福祉,为国家幸福而不断奋斗!

欧健

(教育博士,正高级教师,西南大学附属中学党委书记、校长)

目录

第一章　数学建模基本知识 …………………………… 1

1.1　数学建模的产生与发展 ………………………… 3
1.2　数学建模的定义 ………………………………… 8
1.3　数学建模基本步骤 ……………………………… 13

第二章　数学建模案例教学 …………………………… 15

2.1　函数模型 ………………………………………… 17
2.2　数列模型 ………………………………………… 26
2.3　复数与向量模型 ………………………………… 30
2.4　线性规划模型 …………………………………… 33
2.5　非线性规划模型 ………………………………… 38

第三章　学生习作 …………………………………………… 41

3.1　学生习作一 …………………………………… 43
3.2　学生习作二 …………………………………… 60
3.3　学生习作三 …………………………………… 80

第四章　数学建模竞赛参赛指导 ……………………………… 97

4.1　数学建模教学指导 …………………………… 99
4.2　参与数学建模竞赛的建议 …………………… 103

第一章

数学建模基本知识

1.1 数学建模的产生与发展

我们知道,在进行数学思考时,逻辑推理是必不可少的.因此,提高自己的逻辑推理能力是非常重要的.甚至有人认为,数学只涉及逻辑推理.其实,数学引人注目的地方不仅在于严谨的逻辑推理,还有思维的抽象性,以及应用的广泛性.在本书中,我们将重点关注数学应用的一个重要分支——数学建模.数学来源于人们生产和生活的需要,是人们对其中有关的空间结构、数量关系的共性不断地抽象、升华而形成的科学.它的出现为我们更深层次地认识世界提供了一条重要途径,其抽象性和严谨性的特点也为我们科学地认识世界提供了一个有效的手段.数学的广泛应用性则为各门学科以及人们的生产、生活和社会活动在定量方面向深层次发展奠定了基础.比如解决如何确定最优风险投资组合方案、公交车如何调度最好、如何对彩票方案进行合理分析、如何建立医院质量评价体系、如何根据已有条件预测未来世界人口增长的极限等问题,都需要用到比较深刻的数学知识.解决这些问题的过程本质上就是数学模型建立的过程.为了让大家对数学建模的全貌有一个全面的了解,让我们一起来看看数学建模在历史长河的面貌.

数学是中国历代科学中一门重要的学科,其发展源远流长,成就辉煌.根据自身发展特点,它可以分为以下几个时期.

(1)先秦萌芽时期:在春秋之前,中国的数学处于萌芽阶段.

(2)战国秦汉奠基时期:从战国到两汉,中国的数学框架得以确立.

(3)魏晋南北朝发展时期:魏晋至唐初,中国的数学理论体系得以建立.

(4)唐宋元全盛时期:从唐中叶到宋元,中国的数学发展达到了高潮.

(5)西学输入时期:明清时期,数学从衰落到艰难地复兴.

(6)近现代数学发展时期.

理论结合实际是数学发展的重要推动力.中国古代数学依赖于生产实践,并反过来为生产实践服务.在算术和代数学方面,中国古代数学有卓越的成就.在几何学方面,中国古代数学偏重面积、体积和线段长短的计算,不像古希腊人的几何学那样重视各个定理的逻辑推理.古希腊数学,从其客观内容来看,主要是一门讨论形的性质和数的性质的学科,对于如何应用来解决具体问题很少关注.中国古代数学主要是计算量的大小和数的多少,并且认为量的大小和数的多少在计算方面没有区别.

图1-1-1　甲骨文中的数字

数学知识的特点在于其概念和结论的高度抽象性.然而,这些概念并非凭空而来,而是源自生活实践.从上古的未开化时代开始,经过多个时代的积累,我们的祖先逐渐形成了丰富的实践经验.在此基础上,数量概念和几何概念得以发展,而这些概念是抽象思考的产物,甚至有些是理想化的结果.同时,我们的建模过程也是基于实际问题进行数学化的过程.

数学建模在中国自古有之,比如传说伏羲画八卦就是其中之一.《太平御览》中记载:"伏羲坐于方坛之上,听八方之气,乃画八卦."《易》中也记载:"古者包牺氏之王天下也,仰则观象于天,俯则观法于地,观鸟兽之文与地之宜,近取诸身,远取诸物,于是始作八卦,以通神明之德,以类万物之情."这段文字也描述了伏羲(包牺)为大自然建模的过程:他上观天文,下察地理,研究生物的习性和与之适宜的环境,收集远近各种物证,从而创造了八卦,以宣扬神明之功德,以解释自然之规律.

太极八卦恐怕就是我们最早的数学模型了,它表示了一套有象征意义的符号及其之间的关系.在图1-1-2中,中圈互相缠绕的黑白两条鱼形就是"太极",其中白色代表"阳",黑色代表"阴","阳"和"阴"就是"两仪";在外部八边形边上的八组图形就是"八卦",用"—"代表阳,用"--"代表阴,其中,上下左右四卦靠里的两层称作"四象".《周易》中写道:"是故易有太极,是生两仪,两仪生四象,四象生八卦."这种分割的数学意味已很浓了,但隐含的哲学思想更深奥.太极中阴阳的

图1-1-2　先天太极八卦图

相互依存、相互渗透反映了古人对自然、对宇宙的理念.八卦中每一卦形代表一定的事物.例如:乾代表天,坤代表地,坎代表水,离代表火,震代表雷,艮代表山,巽代表风,兑代表泽.八卦又代表其他意象,如东、东南、南、西南、西、西北、北、东北八个方位.而乾坤又代表天地、男女、阳阴、正负等意象.用形象的八卦解释万物反映了古人对大自然的抽象和理解.这个模型虽然比较质朴而含蓄,但影响深远,至今在我们的生活中仍有不可动摇的地位.

另一个经典例子就是我们熟知的勾股定理.

《周髀》是一部汉朝人撰写,讨论盖天说的书,它的第一章叙述了西周开国时期(约公元前1000年)周公姬旦与商高的问答,讨论用矩测量的方法.周公曰:"大哉言数!请问用矩之道."商高曰:"平矩以正绳,偃矩以望高,复矩以测深,卧矩以知远,环矩以为圆,合矩以为方."矩是工人所用的曲尺,是由两条互相垂直的直尺做成的,那如何用矩来实现测深知远呢?我们假设将矩的一条直尺 CE 直立,另一条直尺 AC 放平,如图1-1-3所示,从 A 仰视一个高处 P 点,视线 AP 与 CE 交于点 B,那么 P 点的高度等于 $\frac{BC}{AC} \cdot AQ$,量得 BC 和 AQ 后就可以推算出 PQ.同理,将直尺 CE 倒过来往下垂,就可以俯视低处的物体而测量它的深度,将曲尺 ACE 全部放在水平面上,也可用来计算两物体间的距离.

在《周髀》首章里,商高又对周公说,"故折矩以为勾广三,股修四,径隅五".即如果在矩的水平部分上取点 A,使得 $AC=3$,又在垂直部分上取点 B,使得 $BC=4$,那么从 A 到 B 的直线距离必定是5,如图1-1-4所示,这就是说我们常说的勾三股四弦五.当然这个也可以用来测量实际的距离.

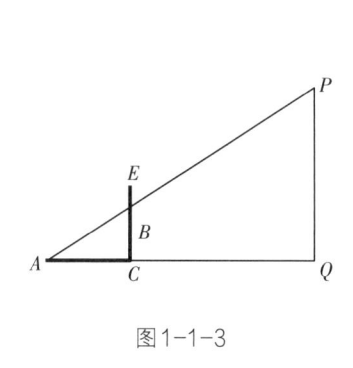

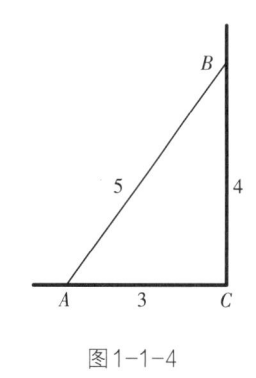

图1-1-3

图1-1-4

在《周髀》中所记录的用数学工具解决实际问题的方法，我们可以认为是数学建模的雏形．而随着社会分工的进一步发展，人们对于几何形体和数量关系的认识必然进一步提高．

而另一部中国古代数学巨作《九章算术》是迄今有传本的、最古老的中国数学经典著作．书中收录了二百四十六个应用问题和各个问题的解法，这些问题分别隶属于方田、粟米、衰分、少广、商功、均输、盈不足、方程、勾股九章．16世纪以前的中国数学书大多为应用问题解法的集成，都遵循《九章算术》的体例．后世的数学家们根据当时社会的实际需要，引入了新的数学概念和数学方法，这些概念和方法超出了《九章算术》的范围，但都是在《九章算术》的数学知识基础上，通过"再实践，再认识"的过程而发展的．

图1-1-5　宋本《九章算经》

《九章算术》中的"衰分"相当于现在算术教科书里的比例分配法．"衰"读 cuī，"衰分"意为定量分配．"衰分术曰：各置列衰，副并为法，以所分乘未并者各自为实，实如法而一．不满法者，以法命之．""列衰"是各个分配部分的定比，即"所求率"．以列衰的和数为"所有率"，"所分"的数量为"所有数"，依术求出各份的数量．例如，衰分章第五题："今有北乡算八千七百五十八，西乡算七千二百三十六，南乡算八千三百五十六．凡三乡，发徭三百七十八人．欲以算数多少衰出之，问各几何．"三乡"算"数是 8758，7236，8356 就是列衰，相加得24350．依术演算得：

$$北乡应派人数是 378×8758÷24350 = 135\frac{11637}{12175} 人，$$

$$西乡应派人数是 378×7236÷24350 = 112\frac{4004}{12175} 人，$$

$$南乡应派人数是 378×8356÷24350 = 129\frac{8709}{12175} 人．$$

《九章算术》作为中国古代最经典的数学巨作之一，当然还有其他经典代数应用问题，这里就不一一列举了．

数学建模的思想和方法在世界数学史上早已有之，大凡用数学去解决各种问题都要经由数学建模的途径．牛顿的万有引力定律就是最伟大的数学建模的范例．然而，数学建模这个名词的普及和流行则是从20世纪下半叶才开始的．其重要原因就是之前不能迅速准确地求解出相应的数学问题.而20世纪下半叶,由于计算机的计算速度和精度的提升、计算方法和技术以及数学软件的迅速发展,为用数学建模的思想和方法去解决各种各样的实际问题创造了条件.这也对教育改革产生了极大的影响.将近20年前,由美国科学院院士A. Friedman和J. Glimm领头编写的调研报告"新兴制造技术和管理实践中的数学和计算科学"中明确地指出:"一切科学和工程技术人员的教育必须包括数学和计算科学的更多的内容.数学建模和与之相伴的计算正在成为工程设计中的关键工具.科学家正日益依赖于计算方法,而且在选择正确的数学和计算方法以及解释结果的精度和可靠性方面必须具有足够的经验.对工程师和科学家的数学教育需要变革以反映这一新的现实."事实正如此,数学建模教学正在全世界中学生、大学生和研究生中逐步开展.

1.2 数学建模的定义

接下来我们就来探讨数学建模的定义,先从一个游戏开始.

在平时足球训练间隙,足球队员经常进行足球趣味游戏.我们选取其中一个进行研究,具体规则如下:5名队员参与,其中1名为进攻者,4名为防守者.4名防守队员站在正方形的4个顶点处进行传球游戏,如图1-2-1所示.当任意一个防守队员成功传出球后,该队员就立刻退出游戏,由接到球的队员继续传球.如果在传球过程中,防守队员被进攻队员触碰到球或者防守队员传丢球统称为"死球".假设每一名防守队员死球的概率均为 $\frac{1}{3}$,每一名防守队员接到球的概率相等.现假设A,B,C,D 4名队员首先作为防守者,队员E作为进攻者,队员A发球,求经过3次传球后,队员D才持球的概率.

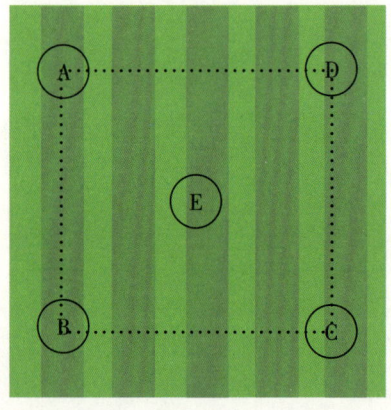

图1-2-1

在中学阶段,只要在理解问题的基础上,用基本的概率方法即可解决这道概率应用题,从而得到一个封闭的答案:假设经过3次传球后,队员D才持球为事件G,则 $P(G) = 2 \times \frac{1}{3} \times \frac{2}{3} \times \frac{1}{2} \times \frac{2}{3} \times 1 \times \frac{2}{3} = \frac{8}{81}$.问题情境中提到4名队员,为什么不是5名、6名甚至更多的队员,选择4名队员的依据是什么?在一般情况下,大家还愿意参与这个游戏吗？回到一般的游戏情景中来,游戏的重要目的是要让队员愿意参与其中,所以题目中做了一个假设:每个防守队员死球的概率均为$\frac{1}{3}$,这样每个队员获得成功和失败的体验都是一样的,从公平性角度来说,每个同学的参与意愿都是一致的.然而实际情况是,由于每个队员的足球技术不同,导致死球的概率也不同.同时,作为进攻队员总是抢不到别人的球,其参与积极性也会大打折扣.做这道题对数学工作来说有什么具体意义？基于以上疑惑,现在我们不妨把这个问题变得开放起来,充分体现同学们的决策作用.

在平时枯燥的学习和训练中,教练为了让足球队员能够更进一步地参与训练,往往会设置一些游戏,让队员在训练的间隙进行.请根据以下信息给出合理性建议,并形成一篇书面报告给教练.

足球趣味游戏具体规则如下:队员X_0,X_1,X_2,$\cdots$,X_n共$n+1$名队员参与,其中1名为进攻者,n名为防守者.防守队员围成圆圈,进攻队员在圈内任意位置进攻,如图1-2-2所示.当任意一个防守队员成功传出球后,该队员就立刻退出该游戏,由接到球的队员继续传球.若最后只剩一名防守队员,或在有限的时间内防守方达到传球个数要求的情况下,仍未死球,则防守方胜利,此轮游戏结束.若防守队员在传球过程中被进攻队员触碰到球或者防守队员传丢球(统称为"死球"),则进攻方胜利,此轮游戏结束.若上一轮游戏防守方胜利,则防守队员和进攻队员不交换身份进入新的一轮游戏.若上一轮游戏进攻方胜利,则"死球"防守队员和进攻队员交换身份进入新的一轮游戏.

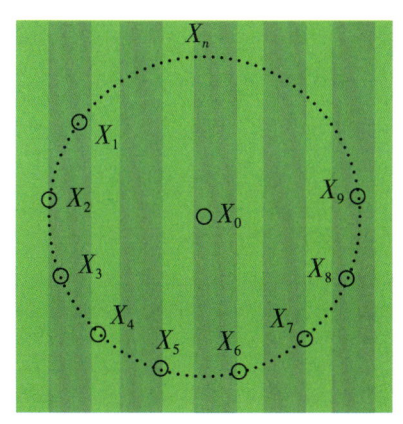

图1-2-2

为了增加游戏的公平性,请结合每位队员的"死球"概率建立合理的评价模型,评估此游戏的可行性.

要解决这个问题,我们首先需要思考的是,防守队员成功将球传出去后,由谁来接这个球?

如果进攻队员静止地站在圈内,比如说圈的中心,此时传给身边的球员成功率是最高的,既保证了自己成功传出了球,同时在球员数减少的情况下,防守方获胜的概率也越来越大.但是考虑到进攻球员可以出现在圈内的任何位置,所以此时可以做一个合理性假设,即每个球员接到球的可能性相同,这样既相对简化了问题,同时也能较好地还原实际情景.其实在数学建模问题中,适当做出假设,也是处理建模问题的一个重要能力.进一步地考虑,在实际的训练中,每名队员的传球能力不同,毫无疑问地会影响到死球率,即我们可以假设每名队员死球的概率不同.接下来又一个问题产生了,如何合理地选取防守队员的死球率呢?此时就需要我们借助网络资源,在一些权威数据中去适当选取.而选取数据时,为了更加贴合实际,我们可以根据正态分布来选取.解决了死球率和成功接到球的概率后,接下来就需要思考,建立怎样的模型来评估游戏是否可行呢?

在此提供一种思路供读者参考.由于足球游戏是在训练间隙进行的,因此游戏时间有限.从教练的角度来看,他希望既能让队员放松,又能节省队员的体力.而从队员的角度来看,他们希望在有限的时间内进行更多的轮换,避免让一个队员长时间担任进攻队员,这样能够增加游戏的趣味性.由此,可以得到整个数学建模过程.

1. 模型假设

①因为进攻队员在圈内的位置是任意的,所以假设每一名防守队员接到球的概率相同.

②因为每名队员的传球能力不同,所以假设 n 名防守队员的死球概率不同.

2. 符号说明

表 1-2-1

符号	符号意义
$P_i(i = 0, 1, 2, \cdots, n)$	第 i 个防守队员死球的概率
P_{i_k}	第 k 个传球防守队员死球的概率
事件 A	防守方获胜

3. 模型建立与求解

为避免防守队员拖延时间造成游戏的不公平,可增设游戏规则:在规定时间内,防守队员须成功完成至少 k_0 次传球,否则防守失败,攻方胜.

设在规定的时间内,防守方可传球 $k(k_0 \leq k \leq n-1)$ 次,记防守方传球 k 次后成功的概率为 P_k,防守方获胜的概率为 $P(A)$,则

$$P_k = \sum_{(i_1,i_2,\cdots,i_k)} \frac{1}{n}(1-P_{i_1}) \cdot \frac{1}{n-1}(1-P_{i_2}) \cdot \cdots \cdot \frac{1}{n-(k-1)}(1-P_{i_k})$$

$$= \sum_{(i_1,i_2,\cdots,i_k)} \frac{1}{A_n^k}(1-P_{i_1}) \cdot (1-P_{i_2}) \cdot \cdots \cdot (1-P_{i_k})$$

$$= \frac{1}{A_n^k} \sum_{(i_1,i_2,\cdots,i_k)} \prod_{j=1}^{k}(1-P_{i_j}).$$

从而,立刻有

$$P(A) = \sum_{k=k_0}^{n-1} p_k$$

$$= \frac{1}{n!} \sum_{k=k_0}^{n-1} \left[(n-k)! \sum_{(i_1,i_2,\cdots,i_k)} \prod_{j=1}^{k}(1-p_{i_j}) \right].$$

其中,$(i_1, i_2, \cdots, i_k)$ 为 $1, 2, \cdots, n$ 的一个 k 元排列.

通过 OPTA 数据公司公布的欧洲职业顶尖球员的失球率一般在 20%—30% 之间,考虑到球员失球率服从正态分布,且一个球队有 11 个球员,所以我们选取一组近似服从正态分布的 11 名球员数据进行求解,如表 1-2-2 所示.

表 1-2-2

球员	X_0	X_1	X_2	X_3	X_4	X_5	X_6	X_7	X_8	X_9	X_{10}
概率 P_i	0.3924	0.2500	0.3293	0.4205	0.3562	0.4452	0.4128	0.2605	0.3734	0.2630	0.4239

利用 MATLAB 编程求得 $P(A)=0.006$.

4.模型的结论

由于防守方获胜的概率 $P(A)=0.6\%$,所以一轮游戏下来,防守方获胜接近于小概率事件,即在有限的时间内,防守队员和进攻队员进行轮换接近必然事件,能非常好地满足教练和队员的要求,所以此游戏可行.

通过以上描述,我们渐渐地认识到数学建模首先是一个过程,是使用数学来回答庞大、繁杂的现实问题的这样一个过程,是基于对现实世界的理解,用数学语言去描述这个问题,定量迭代求解的过程.

数学建模离不开数学模型.对于模型而言,我们从小就接触各种各样的实物模型.实物模型就是研究对象的一种简化和抽象后的相似替代物,如玩具恐龙等.虽然恐龙在6500万年前就已经灭绝,但是对于曾经地球上的霸主,几乎所有的男孩子都无法拒绝恐龙身上表现出来的力量、迅猛等.而男孩子们所玩的玩具恐龙,除了恐龙的形状、四肢结构等得到抽象保留外,其他的如皮肤质地、实际大小尺寸等都被忽略掉了.虽然这些简化、抽象了的模型与真实的恐龙相差甚远,但是并不影响我们利用玩具恐龙对具体肉食恐龙如何捕食、植食恐龙如何躲避肉食恐龙等的思考.通常我们把现实的研究对象叫作"原型",而把原型的相似替代物叫作"模型".

　　在科学研究中,对于一些微观或宏观的较为复杂的研究对象,由于受到时间、空间、人的感官以及因果关系不详等条件的限制,不便对原型进行研究,只能以模型替代原型进行研究.模型的构建往往通过抽象和科学想象,舍弃原型中非本质的、次要的、与研究宗旨无关的因素,只保留原型中本质的、主要的与研究宗旨密切相关的因素.通过科学想象,把通过抽象后获得的各因素按一定的逻辑进行组合以形成模型.模型按其存在的形式可分为物质模型和思想理论模型,按性质和用途可分为结构模型、功能模型和数学模型,等等.数学模型是指通过抽象和简化,使用数学语言对实际现象所做出的一个近似刻画,以便于人们更深刻地认识所研究对象.所以对于数学建模而言,数学模型是基础,这就需要我们平时在学习中多积累常见数学模型.当然,在对问题的深刻理解后也可以自己设计数学模型.对于常见的高中阶段的数学模型,我们将在后面的章节做介绍.接下来我们谈谈数学建模的基本步骤.

1.3 数学建模基本步骤

建立数学模型的基本步骤近似于解决一个实际问题的基本步骤.但由于实际问题的背景、性质,建立数学模型的目的等方面不同,因此数学建模要经过哪些步骤并没有固定的模式和标准.本书数学建模的基本步骤包括以下七个.

1. 模型准备及问题分析

当我们面对实际问题时,首先需要深入剖析问题,抓住问题本质和主要因素,明确问题的关键词,查阅相关资料和文献,了解问题的实际背景、相关数据或相关分析的进展情况,以获得关键资料,并初步确定研究问题的类型.数学建模问题来自实际生活中的各个领域,并没有固定的方法和标准答案,因此需要明确问题中所给的信息点,把握好解决问题的方向和目的.仔细分析问题、关键词和数据信息,可以适当补充一些相关信息和数据(具有一定权威性),为接下来的模型建立奠定基础.

2. 模型假设

数学建模问题源于实际生活,涉及方面广泛,影响因素众多.在建模过程中,难以面面俱到,因此需要适当简化一些因素.但是,简化不能对主要因素产生太大影响,必须抓住问题的关键,忽略次要因素,进行合理化的简要假设.这是为了在建模过程中排除较难处理的情况,使建立的模型更优化、更合理.这也是评价模型优劣的重要标准.

3. 模型建立

通过分析、假设及相关数学原理,将实际问题转化为数学模型,用数学语言描述问题的内在现象与规律.结合相关学科知识,建立主要变量与因素间的数学规律模型,可采用数学方程式、图形、表格、数据和算法程序等方式表现.建模过程中,应注重创新,将多个知识点穿插结合.同时,还可以在优化算法程序上进行改进和优化,体现模型的创新性.

4. 模型求解

在模型求解过程中,我们不仅会采用传统的数学方法,如解方程、证明和统计分析,还会广泛使用数学软件和计算机技术,如 MATLAB.此外,有时还需要掌握一门编程语言.因此,我们需要具备针对实际问题学习新知识的能力,并能够灵活应用新知识来求解模型.

5. 结果分析与检验

对所求的结果,通过针对问题的实际情况和意义进行误差分析和灵敏度分析,来检验模型解决实际问题的效果及实际可应用的范围.通过误差分析,我们可以提出出现误差的可能原因或解决方案,进而调整模型.此外,灵敏度分析针对模型中的主要变量和参数分析它们的误差允许范围.通过这些分析和检验,充分体现模型的合理性和可行性.

6. 迭代

我们往往需要对以上步骤进行必要的过程迭代,以确保模型得到有效完善.

7. 模型推广应用

将实际问题转化为数学模型进行求解,需要经过大量研究和演绎,最后还需要回归实际情景,利用实际信息或数据验证其合理性和可行性.

第二章

数学建模案例教学

2.1 函数模型

函数模型是最常见的数学模型,其数学表达式是 $y=f(X;A)$,其中 X 代表函数模型中所含有的自变量,A 代表函数模型中所含有的待定参数,y 为因变量.当自变量个数为 1 时,函数模型被称为"一元函数模型";当自变量个数大于等于 2 时,函数模型被称为"多元函数模型".许多生活中的问题都可以简化成函数模型.

问题一　如何提高定点投篮命中率

一、模型教学

1. 问题背景

在最近的篮球比赛中,小江同学看到其他同学在球场上展现出的风采,非常羡慕.他下定决心,要在明年的比赛中大展身手.然而,他的球技欠佳,定点投篮的命中率也不高.他的数学思维很好,为了提高投篮命中率,他决定进行数学分析.他希望能够将篮球运动问题转化为数学模型,以找出对定点投篮命中率有重要影响的因素,从而为自己提供科学的训练策略.那么,如何构建合适的数学模型,以提高小江同学的定点投篮命中率呢?

2. 问题阐述

如何提高小江同学的定点投篮命中率?将其细化为以下两个问题.

问题 1:影响篮球命中率的因素有哪些?

问题 2:在第一问的基础上建立一个合适的数学模型,并根据这个模型为小江同学提供一个科学的训练策略.

3.模型建立与求解

(1)问题分析

在探究过程中发现,身高、出手速度、出手角度、空气阻力、离篮筐的距离、篮球的大小、质量等都会影响命中率.这些影响因素与篮球运动轨迹之间存在关系,而轨迹又可以使用抛物线来描述.我们的主要目标是找出这些影响因素与定点投篮命中率之间的联系.但影响因素过多,为简化探究,可以在开始前提出一些假设,并通过控制变量的方法逐一研究,同时减少其他次要变量对结果的影响.

(2)问题假设

①在投掷过程中,忽略空气阻力.

②将篮球看成一个质点.

③忽略次要因素影响,聚焦出手高度、出手速度与出手角度.

(3)建立模型

考虑篮球命中篮筐中心.为了方便研究,先将篮球看为一个处于其中心位置的质点,运动轨迹如图2-1-1所示.根据前面的讨论,可以使用一元二次函数刻画篮球的轨迹,即设 $y = ax^2 + bx + c(a \neq 0)$,其中 y 为垂直高度,x 为水平距离.

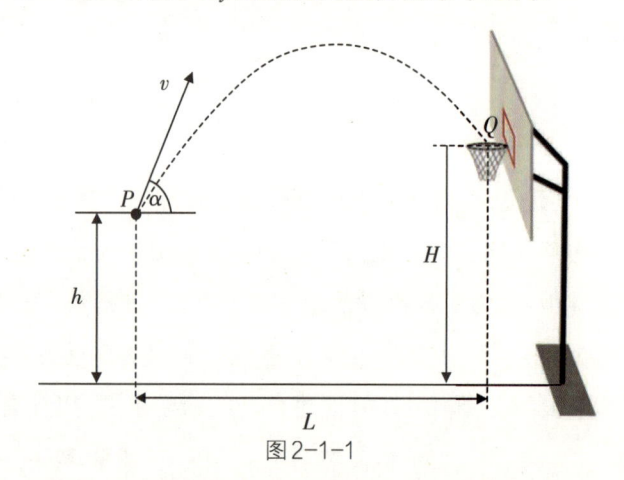

图2-1-1

在此过程中,可以建立直角坐标系,则知道起点 P 和篮筐中心 Q 两个点,再通过斜抛运动算出最高点,代入求解即可.或者引入时间变量 t,则水平方向的运动方程为

$$x = vt\cos\alpha,$$

竖直方向的运动方程为

$$y = vt\sin\alpha - \frac{1}{2}gt^2.$$

消去 t 可以得到方程

$$y = x\tan\alpha - \frac{gx^2}{2v^2\cos^2\alpha}.$$

这就是符合要求的方程,后者更为简洁.最后,可将式子中的 $\frac{1}{\cos^2\alpha}$ 可以转变为 $1+\tan^2\alpha$,则最终方程优化为

$$y = x\tan\alpha - \frac{gx^2}{2v^2}(1+\tan^2\alpha).$$

(4) 求解模型

虽然模型已经构建,但是解决问题还为时尚早.需要弄清模型所受的限制——必须命中.可以从两方面进行理解:第一,y 必须为 $H-h$,x 必须为 L;第二,方程必须有解.

针对第一方面,可替换 y 与 x,得到方程

$$gL^2\tan^2\alpha - 2v^2L\tan\alpha + gL^2 + 2(H-h)v^2 = 0.$$

为减轻负担,可代入提前收集的数据 $H = 3.05\,\text{m}$,$h = 2.05\,\text{m}$,$g = 10\,\text{m/s}^2$,暂时不代入 $L = 4.6\,\text{m}$,化简得

$$5L^2\tan^2\alpha - v^2L\tan\alpha + 5L^2 + v^2 = 0.$$

针对第二方面,可先规定出手速度一定,则关于 $\tan\alpha$ 的一元二次方程有解,只需

$$\Delta = L^2(v^4 - 20v^2 - 100L^2) \geq 0,$$

解得

$$v^2 \geq 10 + 10\sqrt{1+L^2}.$$

同时,根据求根公式,我们可得到出手角度正切值的表达式为

$$\tan\alpha = \frac{v^2L \pm L\sqrt{v^4 - 20v^2 - 100L^2}}{10L^2}.$$

根据以上分析发现,速度存在最小值 $v_{\min}^2 = 10 + 10\sqrt{1+L^2}$,此速度对应出手角度正切值为 $\tan\alpha = \frac{1+\sqrt{1+L^2}}{L}$,对于其他符合条件的速度都对应两个正切值.

(5) 求解问题

针对模型结果进行总结.

①存在一个最小速度,在此速度下,只有一个出手角度才能命中篮筐中心.

②当出手速度大于最小速度时,有两个出手角度可命中篮筐中心.

4.推广与应用

二次函数模型属于幂函数模型的一部分.幂函数模型在现实生活中有着广泛的应用,例如,一次函数型适用于路程问题,二次函数型适用于斜抛问题,三次函数型适用于体积问题,等等.然而,如何将这些模型与现实问题合理地联系起来,赋予它们现实意义,才是数学建模要着重考虑的部分.

二、课后练习

1.以上结论符合实际吗?
2.小江同学可以据此练习吗?
3.这个模型可以继续优化吗?

问题二　货船进出港时间选择

一、模型教学

1.问题背景

日月的引力影响海水的潮起潮落,早潮晚汐.一般情况下,货船在涨潮时驶进航道、靠近码头,装卸货物,而在落潮时返回海洋.为了保证船只的安全,避免搁浅,规定船底与洋底间至少要有 1.5 m 的安全间隙.现有一货船满载货物,吃水深度为 4 m.在卸货时,吃水深度以 0.3 m/h 的速度减小.现在此货船要去港口 A 码头卸货,怎样才能确保安全到达 A 码头?如果此货船在 2:00 开始卸货,停止卸货后需要 0.4 h 才能驶到深水区,那么该货船最好在什么时间停止卸货呢?

2.问题阐述

确保货船安全到达 A 码头,在 2:00 开始卸货,并在卸货后能顺利驶到深水区.可拆分为两个问题.

问题 1:货船未卸货时什么时候才能进入港口? 能在港口待多久?

问题 2:如果在 2:00 开始卸货,那么该船最好在什么时间停止卸货?

3.模型建立与求解

(1)问题分析

在探究过程中发现,船底与洋底的距离是决定货船能否进出码头及顺利卸货的关键因素.而船底与洋底的距离又与船的吃水深度和水深紧密相关.为顺利进行研究,可先提出一些假设,并通过控制变量的方法逐一进行考察,同时尽量减少其他次要变量的干扰.

(2)问题假设

①假设水深仅随时间的变化而变化.
②假设货船在进出码头、卸货时吃水深度不受风力、洋流等影响.
③假设货船在卸货时吃水深度是匀速减小的.
④假设货船从开始卸货到离开码头时,货物并没有卸完.
⑤假设驶入深水区所需的0.4 h内仍需满足码头内的规定.

(3)收集数据

通过天气预报,得到了港口当天的水深与时刻关系,如表2-1-1所示.

表2-1-1

时刻	0:00	3:06	6:12	9:18	12:24	15:30	18:36	21:42	24:00
水深/m	5.0	7.5	5.0	2.5	5.0	7.5	5.0	2.5	4.0

(4)建立模型

观察数据,我们会发现随着时间的变化,水深也在发生变化.这两个变量可能存在某种函数关系,但目前没有现成的函数模型可用.因此,我们可以借助数据的趋势进行分析.水深关于时刻的散点图如图2-1-2所示.

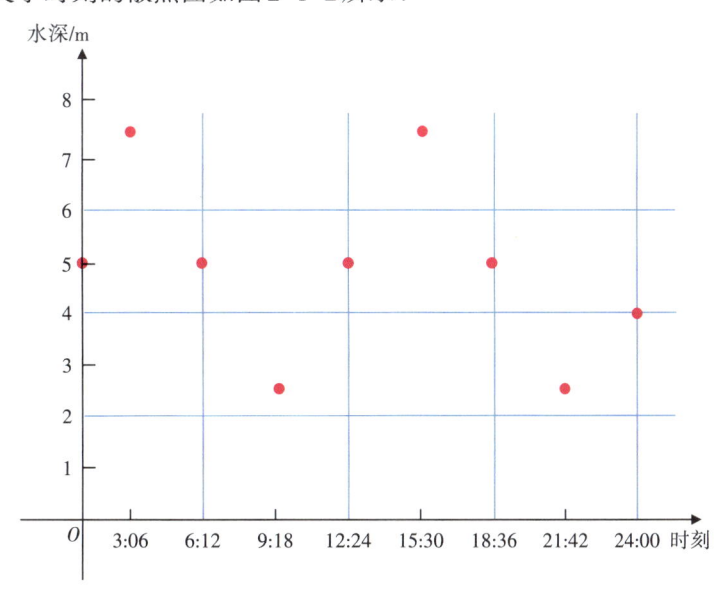

图2-1-2

观察散点图,可以发现散点图的分布状况呈现周期性的变化,这表明水深随时间呈周期性变化.实际上也是如此,潮起潮落是随地球的自转和月球的公转而规律性变化的.结合以上特征我们初步可以选定

$$y = A\sin(\omega x + \varphi) + B \quad (A > 0, 0 \leqslant x \leqslant 24),$$

来近似刻画水深随时间变化的规律.

(5)求解模型

从数据和图像可以得出:

$$A = 2.5,\ B = 5,\ T = 12.4,\ \varphi = 0.$$

由

$$T = \frac{2\pi}{\omega} = 12.4,$$

得

$$\omega = \frac{5\pi}{31}.$$

所以,这个港口的水深与时间的关系可用函数

$$y = 2.5\sin\frac{5\pi}{31}x + 5$$

近似描述.

(6)检验模型

根据函数关系式可得港口在整点时刻水深的近似值如表2-1-2所示.

表2-1-2

时刻	0:00	1:00	2:00	3:00	4:00	5:00	6:00	7:00
水深/m	5.000	6.213	7.122	7.497	7.245	6.428	5.253	4.014
时刻	8:00	9:00	10:00	11:00	12:00	13:00	14:00	15:00
水深/m	3.023	2.529	2.656	3.372	4.497	5.748	6.812	7.420
时刻	16:00	17:00	18:00	19:00	20:00	21:00	22:00	23:00
水深/m	7.420	6.812	5.748	4.497	3.372	2.656	2.529	3.023

根据函数解析式计算出来的水深与实际情况较为符合,则可使用 $y = 2.5\sin\frac{5\pi}{31}x + 5$ 近似描述水深与时间的关系.

(7)求解问题

问题 1 货船未卸货时什么时候才能进入港口？能在港口待多久？

根据规定可知，货船需要的安全水深为 $4 + 1.5 = 5.5\,\mathrm{m}$，所以当 $y \geqslant 5.5$ 时就可以进港．

令
$$2.5\sin\frac{5\pi}{31}x + 5 = 5.5,$$

则
$$\sin\frac{5\pi}{31}x = 0.2.$$

由计算器可得 $\arcsin 0.2 \approx 0.2014$．

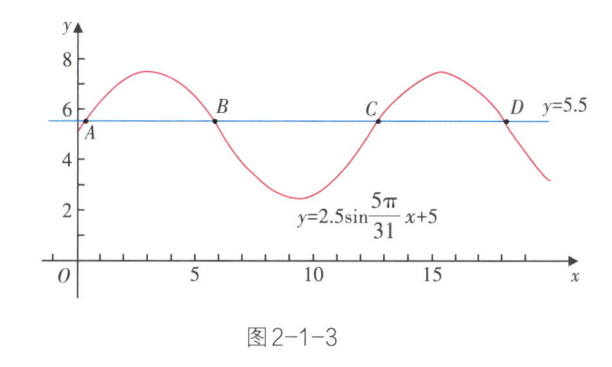

图 2-1-3

如图 2-1-3 可知，在区间 $[0, 12.4]$ 内，函数 $y = 2.5\sin\dfrac{5\pi}{31}x + 5$ 的图像与直线 $y = 5.5$ 有两个交点 A，B，因此

$$\frac{5\pi}{31}x \approx 0.2014, \text{或} \pi - \frac{5\pi}{31}x \approx 0.2014,$$

解得
$$x_A \approx 0.3975,\ x_B \approx 5.8025.$$

由函数的周期性易得：
$$x_C \approx 12.4 + 0.3975 = 12.7975, x_D \approx 12.4 + 5.8025 = 18.2025.$$

因此，货船可以在 0 时 24 分左右进港，早晨 5 时 48 分左右出港；或在 12 时 48 分左右进港，18 时 12 分左右出港．每次可以在港口停留约 5 小时 24 分．

问题 2 如果在2:00开始卸货,那么该货船最好在什么时间停止卸货?

根据货船卸货时吃水深度随时间减小,要保证货船能安全驶入深水区(已知这个过程需要0.4 h),那么需要货船在停止卸货后0.4 h内的水深至少应该是停止卸货时货船的吃水深度与安全间隙1.5 m之和,我们将这个水深称之为安全水深.最开始的安全水深为5.5 m,随着卸货时吃水深度的减小,安全水深也不断减小,每小时减小0.3 m.设在 x h 货船所需的安全水深为 y m,那么可得出卸货时安全水深的函数解析式为

$$y = 5.5 - 0.3(x - 2) \quad (x \geq 2).$$

设停止卸货时为 x_1 h,根据此解析式就可以求出停止卸货时所需的安全水深 y_1.

根据前面分析,我们知道货船在停止卸货后0.4 h内港口水深最小值应该是停止卸货时所需的安全水深 y_1.但是因为水深随着时间周期性变化,在停止卸货后0.4 h内,什么时候是所需的安全水深 y_1 呢?

根据图2-1-3,可以发现水深在大约[3,9]的这个范围中是单调递减的.而且在 $x = 9$ 时,安全水深为3.4 m,而此时的实际水深仅有约2.529 m,8时的实际水深也仅有约3.023 m.所以停止卸货的时间肯定在8时之前,也就是说,停止卸货后到驶入深水区前,实际水深仍在随时间不断下降.

于是要保证货船顺利驶入深水区,则需在停止卸货后的0.4 h时,实际水深恰好等于停止卸货时的安全水深 y_1,故列出方程为

$$2.5 \sin \frac{5\pi}{31}(x_1 + 0.4) + 5 = 5.5 - 0.3(x_1 - 2),$$

借助信息技术工具解得

$$x_1 \approx 6.48.$$

因此,为了安全,货船最好在6时28分前停止卸货,将船驶向较深的水域.需要注意,此处很可能得出结果为6时30分.虽然二者差别不大,但结合实际情况思考就会发现,对于极限时间6.48时来说,超出哪怕一秒都有可能导致水深低于货船所需的安全水深,使其不能顺利驶入深水区.所以这时不能四舍五入,而应取较小值.

综上,针对问题1的结果为:货船可以在0时24分左右进港,早晨5时48分左右出港;或在12时48分左右进港,18时12分左右出港.每次可以在港口停留约5小时24分.针对问题2的结果为:为了安全,货船最好在6时28分前停止卸货,将船驶向较深的水域.

4.推广与应用

三角函数型函数模型在生活中的应用非常广泛,除了潮汐现象这个例子之外,还广泛应用于物理学、天文学、建筑学等学科领域,以及摩天轮运动、钟表运动、简谐运动等周期性运动场景,具有十分重要的现实意义.

二、课后练习

1.根据这个例子的分析,你对数学模型与生活实际有更深的理解吗？谈谈你的看法.

2.自己选取一个可以使用三角函数型函数模型的生活现象(如摩天轮运动、钟表运动等),尝试简单地建立函数模型.

2.2 数列模型

数学模型中有一大类是动态模型,即描述状态变量随时间变化的模型.例如,电流的动态、化学反应、生物种群增长、金融投资、年金的增长、军事战斗、疾病的传播、污染的控制等都涉及动态模型.动态模型可以描述系统状态随时间的变化规律.如果不考虑随机因素,假设每一时刻系统状态是确定的,且对系统状态的观测和描述只在离散的时间点上,就构成差分方程模型,这是一种常见的数列模型.在这类问题中,只要能找出每一步对前一步或前几步的依赖关系,就可以建立数列模型解决问题.

一、模型教学

1.问题背景

由一对兔子开始,一年可以繁殖成多少对兔子?假设兔子的生殖力是这样的:每对兔子每一个月可以生一对兔子,并且兔子在出生两个月后就具有繁殖后代的能力.

兔子繁殖问题是一个经典的数学问题,最早出现在著名的意大利数学家莱昂纳多·斐波那契1228年所著的《算盘书》中.尽管与真实的兔子繁殖过程有所不同,但这个数学问题仍然具有启发性,通过建模的方法,我们可以探讨更复杂、更实际的情形.

这个问题给定第一对兔子是一对刚出生的小兔,按照问题的叙述逐月计算兔子群体的变化,就得到兔群每月的数量是

$$1,1,2,3,5,8,13,21,34,55,89,144,\cdots$$

这就是著名的斐波那契数列.如果用 $a(n)$ 表示第 n 个月兔群的数量,可得到如下的递推关系:

$$a(n) = a(n-1) + a(n-2) \ (n \geq 3).$$

数列$\{a(n)\}$中存在着美妙的规律,包含有丰富的数学内涵,从而在数学上有着"黄金数"的美称.但是人们并没有深入地讨论如何将这个递推关系式与兔子群体的增值联系在一起.下面我们将从模型的角度来处理这个问题.

2. 问题重述

假设兔子的生殖力是这样的:每对兔子每一个月可以生一对兔子,并且兔子在出生两个月以后就具有繁殖后代的能力.由一对刚出生的兔子开始,一年内兔子种群数量是如何变化的? 并求出一年后的兔子数量.

3. 模型建立与求解

(1) 问题分析

仔细分析问题,可以明确问题中提及的兔子在生物学上存在两类:一是寿命较长且具有繁殖能力的成兔;二是寿命较短且尚无繁殖能力的幼兔.根据问题的描述,在兔子群体的繁殖和发育过程中,幼兔和成兔之间存在特定的依赖关系:本月的幼兔是上个月成兔繁殖的后代,而本月的成兔则是由具有两个月龄的幼兔发育而成的成兔和上个月成兔的总和.

如果我们以月为单位来讨论兔群随时间的变化,同时也用月为单位来计量兔子的寿命,则需要进一步规范兔子的繁殖行为,使得兔子的月龄的度量与对兔群计数的时间间隔保持一致.

(2) 问题假设

① 每月月初统计兔群的数量.
② 兔子每经过一个月末就增加一个月龄.
③ 月龄大于等于2的兔子都具有繁殖能力.
④ 具有繁殖能力的兔子每一个月一定生一对兔子.
⑤ 兔子不离开群体(不考虑死亡).

(3) 模型的建立

令$a_0(n)$表示第n个月(一个月龄)幼兔的数量.这时再过一个月,一月龄兔就长成为二月龄兔,具有繁殖能力,成为成兔.令$a_1(n)$表示第n个月成兔的数量,则兔子总数为

$$a(n) = a_0(n) + a_1(n).$$

由于上个月每对成兔只生一对幼兔，上个月每对幼兔和成兔都存活到本月，则上面的依赖关系可以更准确地写为平衡关系：

本月初幼兔数量=上月初成兔数量，

本月初成兔数量=上月初成兔数量+上月初幼兔数量．

用数学语言可以写成如下递推关系：

$$a_0(n) = a_1(n-1),$$
$$a_1(n) = a_0(n-1) + a_1(n-1),$$

其中 $a_0(1) = 1, a_1(1) = 0$．

这个关系就是上述兔群繁殖的数学模型．它是差分方程模型，也属于数列模型．我们可以利用迭代方法求数值解，得到数列 $\{a_0(n)\}$，$\{a_1(n)\}$，进一步得到 $\{a(n)\}$，即可知兔群逐月变化的动态．

(4) 模型的求解

我们可以利用迭代方法求数值解，也就是所谓按时间步长法仿真种群增长的动态过程，模拟幼兔和成兔数量随时间的变化．

一年内兔群逐月的动态如表 2-2-1 所示．

表 2-2-1

n	1	2	3	4	5	6	7	8	9	10	11	12
$a_0(n)$	1	0	1	1	2	3	5	8	13	21	34	55
$a_1(n)$	0	1	1	2	3	5	8	13	21	34	55	89
$a(n)$	1	1	2	3	5	8	13	21	34	55	89	144

每个月兔群的数量所构成的数列 $\{a(n)\}$ 即斐波那契数列．第 12 个月共有 144 对兔子．

4. 模型的推广

在本模型中，如果引入向量的记法 $\overrightarrow{a(n)} = (a_0(n), a_1(n))^T$，所得到的模型就可以用矩阵的形式写成

$$\overrightarrow{a(n)} = A\overrightarrow{a(n-1)},$$

其中 A 为 2×2 矩阵

$$A = \begin{pmatrix} 0 & 1 \\ 1 & 1 \end{pmatrix}.$$

兔群的初始状态 $\overrightarrow{a(0)} = (1, 0)^T$．

模型的参数有明显的实际含义.对于矩阵 A 中的四个元素:第一行的两个元素 $a_{11}=0$ 和 $a_{12}=1$ 分别表示幼兔和成兔的繁殖能力;第二行的两个元素 $a_{21}=1$ 和 $a_{22}=1$ 分别表示幼兔发育成成兔的比率和成兔成活的比率.依据模型的这个特点,启发我们进一步讨论上述兔群的成兔每月可以繁殖2对、3对……甚至 k 对幼兔的情形,还可以考虑发育或存活的比率不是1(100%)的情形,以及老兔出售或死亡的情形.这样一来就会逐步使这个模型能容纳更多的因素,使得模型更接近于实际的情形.

二、课后练习

1.针对课上学习的兔子繁殖问题,思考矩阵 A 中的四个元素变化对兔子种群数量变化的影响.

2.蓝鲸的内禀增长率每年估计为5%,估计蓝鲸的最大环境承载力为150000条.磷虾是蓝鲸最喜欢的一种食物.磷虾的最大饱和种群为500吨/英亩.当缺少捕食者,环境不拥挤时,磷虾种群以每年25%的速率增长.磷虾500吨/英亩可以提高蓝鲸2%的年增长率,同时150000条蓝鲸将减少磷虾10%的年增长率.

(1)组建一个蓝鲸和磷虾的动态模型,模拟两个种群随时间的变化.假设初始状态为蓝鲸5000条、磷虾750吨/英亩.

(2)确定蓝鲸与磷虾是否可以长期共存.

2.3 复数与向量模型

一、模型教学

1. 问题背景

藏宝图问题经常出现在各种电影、书籍等作品中.通常,电影场景中的藏宝图会有一些简单的图形标识,主人公只需要按照标识找到标志性参照物就能找到宝藏.但是,如果标志性参照物被损毁了,那又如何根据已有的提示找到宝藏呢?或者如何推断藏宝图的真假呢?

2. 问题阐述

从前,有个富于冒险精神的年轻人,在他曾祖父的遗物中发现了一张羊皮纸,上面指出了一项宝藏.它是这样写着的:

驾船至北纬_____、西经_____(为保密起见,文件上的实际经纬度已删去),即可找到一座荒岛.岛的北岸有一大片草地,草地上有一株橡树和一株松树.还有一座绞架,那是我们过去用来吊死叛变者的.从绞架走到橡树,并记住走了多少步;到了橡树向右拐个直角再走这么多步,在这里打个桩.然后回到绞架那里,朝松树走去,同时记住所走的步数;到了松树向左拐个直角再走这么多步,在这里也打个桩.在两个桩的正中间挖掘,就可找到宝藏.

这张藏宝图指示得很清楚.所以,这位年轻人就租了一条船开往目的地.他找到这座岛,也找到了橡树和松树,但使他大失所望的是,绞架不见了.经过长时间的风吹、日晒、雨淋,绞架已腐烂成泥,

一点痕迹也看不出了.

我们这位年轻的冒险家感到失望至极.在狂乱中,他在地上乱掘起来.但是,地方太大了,一切只是白费力气.他只好两手空空、起帆回程.那项宝藏恐怕还在那个岛上埋着呢! 你有没有办法找到宝藏的位置呢?

3.模型假设

假设宝藏所在荒岛为一个平面.

4.模型的建立与求解

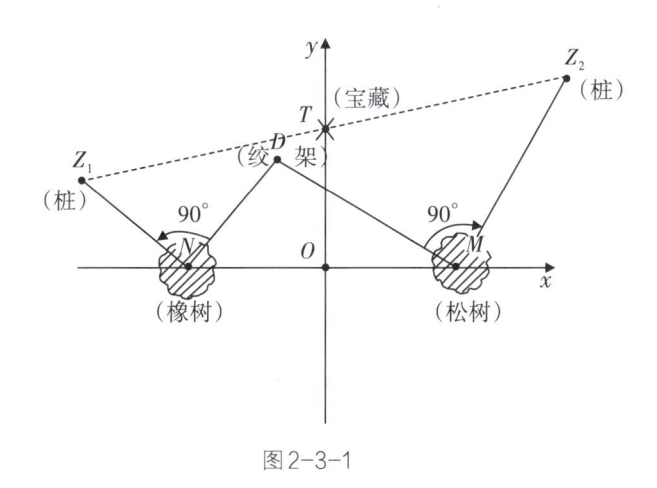

图 2-3-1

如图 2-3-1,把这个岛看成一个复数平面.过两棵树干画一轴线(实轴),过两树中点与实轴垂直作虚轴,并以两树距离的一半作为长度单位.这样,橡树 N 位于实轴上的 -1 点上,松树 M 则在 $+1$ 点上.绞架 D 的位置未知,不妨用大写的希腊字 Γ(这个字母的样子倒像个绞架)表示.设两个桩的位置分别为 Z_1, Z_2,宝藏位置为 T. D 不一定在两条轴上,所以 Γ 应该是个复数,即 $\Gamma = a + bi$.

那么 $\overrightarrow{DN}$ 可表示为 $-1-\Gamma=-(1+\Gamma)$.

同理,$\overrightarrow{DM}$ 可表示为 $1-\Gamma$.

将 $\overrightarrow{DN},\overrightarrow{DM}$ 分别顺时针和逆时针旋转 $90°$,得

$$\overrightarrow{NZ_1}:(-i)[-(1+\Gamma)]=i(\Gamma+1),$$
$$\overrightarrow{MZ_2}:(+i)[(1-\Gamma)]=i(1-\Gamma).$$

所以

$$\overrightarrow{OZ_1}:i(\Gamma+1)-1,$$
$$\overrightarrow{OZ_2}:i(1-\Gamma)+1.$$

宝藏在两根桩的正中间,所以

$$\overrightarrow{OT}:\frac{1}{2}[i(\Gamma+1)+1+i(1-\Gamma)-1]=\frac{1}{2}(i\Gamma+i+1+i-i\Gamma-1)$$
$$=\frac{1}{2}(2i)$$
$$=i.$$

现在可以看出,藏宝图所表示的未知绞架的位置已在运算过程中消失了.不管这个绞架在何处,宝藏都在+i这个点上.

5.模型的推广

在实际应用背景下,研究对象不一定是在同一个平面内,我们可将研究对象投影到同一个平面或者曲面内进行研究.

二、课后练习

正弦交流电一般用三角函数表示,但由于正弦函数的运算比较烦琐,有必要进行简化.请结合复数相关知识,设计一个计算模型,简化正弦交流电的相关运算.

2.4 线性规划模型

一、模型教学

1. 问题背景

在生产和生活中,人们经常遇到如何有效利用资源、如何安排生产以使利益最大化的问题.这类问题属于优化问题.其中研究在特定线性约束条件下,如何找到线性目标函数的极值问题的数学理论和方法就是线性规划.它是运筹学中的一个重要分支,广泛应用于军事作战、经济分析、经营管理和工程技术等领域.它为我们在面临有限的人力、物力、财力等资源时,如何做出最优决策提供了科学的依据.

2. 问题阐述

豆制品的生产面临一个如何精心安排生产过程以实现利润最大化的问题.重庆梁平袁驿特产有袁驿豆干和豆棒,这两种特产的原材料都是黄豆.现在,袁驿镇上有一家豆制品加工厂,用黄豆生产豆干和豆棒两种豆制品.1 kg 黄豆可以通过 A 设备经过 6 h 的加工变成 4 kg 的豆干,或者通过 B 设备经过 8 h 的加工变成 3 kg 的豆棒.现在,这家工厂每天能获得 80 kg 黄豆和 600 h 的正式工人总劳动时间.假设生产的豆干和豆棒能全部售出,并且每千克豆干的利润是 12 元,每千克豆棒的利润是 18 元.那么,这家工厂应该如何安排生产过程,才能使得每天的利润最大?

3. 问题分析

问题分析需要弄清楚三个问题.一是问题要求的是什么.本题所问的是如何生产两种豆制品,即要求每天生产多少豆干和多少豆棒,这就是决策变量.二是问题的目标是什么.题目明确指出目的是使每天的利润最大,这就是目标函数.三是问题的限制条件是什么.题目中指出的工厂所拥有的黄豆原料总量和总劳动力就是约束条件,它们是工厂所具备的能力,限制了产品的生产,所以利润不可能无限增加.

组建优化问题的模型就是回答上面的三个问题,将决策变量、目标函数和约束条件用数学符号及式子表示出来,得到下面的模型.

4. 模型的建立与求解

(1)问题假设

实际生产情况是很复杂的,需要做出理想假设才能建立线性规划模型.本例中,我们事先做出以下假设:

①每千克豆干或豆棒的利润是与它们各自的产量无关的常数,每千克黄豆加工成豆干、豆棒的数量和所需的时间是与它们各自的产量无关的常数.

② 每千克豆干或豆棒的利润是与它们相互间产量无关的常数,每千克黄豆加工成豆干、豆棒的数量和所需的时间是与它们相互间产量无关的常数.

③工厂可以获得的黄豆数量可以是任意实数.

(2)模型的建立

决策变量:设每天用x_1 kg黄豆生产豆干,用x_2 kg黄豆生产豆棒.

目标函数:设每天的总利润为z元,x_1 kg黄豆能生产$4x_1$ kg豆干,得利润$12 \times 4x_1$元,x_2 kg黄豆能生产$3x_2$ kg豆棒,得利润$18 \times 3x_2$元,则总利润$z = 48x_1 + 54x_2$元.

约束条件:一是生产豆干和豆棒的黄豆原料总量不得超过每天的供应,即$x_1 + x_2 \leq 80$;二是生产豆干和豆棒的总加工时间不得超过每天工人总的劳动时间,即$6x_1 + 8x_2 \leq 600$;三是根据现实意义,x_1,x_2不能为负数,即$x_1 \geq 0$,$x_2 \geq 0$.

综上:

$$\max z = 48x_1 + 54x_2,$$
$$\text{s.t.} \begin{cases} x_1 + x_2 \leq 80, \\ 6x_1 + 8x_2 \leq 600, \\ x_1 \geq 0, \ x_2 \geq 0. \end{cases}$$

这就是该问题的基本模型,因为目标函数和约束条件相对于决策变量都是线性的,所以该模型称为线性规划模型.

(3)模型的求解

线性规划问题常用专业软件LINGO求解.

①打开LINGO,在LINGO下新建一个文件,将模型输入进去.

model:

  max=48*x1+54*x2;

  x1+x2<80;

  6*x1+8*x2<600;

end

  LINGO程序固定格式是以"model:"开始,以"end"结束,字母不区分大小写,每个语句末尾必须有分号";". LINGO中默认决策变量都大于等于0,不需要单独输入.模型中符号"≤""≥"用"<=" ">="输入,其实与"<"">"是等效的(可以直接"<"">"替代). Model下面的第一行是目标函数,第二、三行是约束条件.

  ②保存文件,选择"LINGO/Solve"菜单执行,得到如图2-4-1所示运行结果.

```
Global optimal solution found.
Objective value:                    4200.00
Infeasibilities:                    0.00000
Total solver iterations:                  2

         Variable         Value        Reduced Cost
             X1        20.00000           0.000000
             X2        60.00000           0.000000
         Row      Slack or Surplus    Dual Price
           1         4200.000          1.000000
           2         0.000000         30.00000
           3         0.000000          3.000000
```

图2-4-1 LINGO软件求解结果对话框

  上面结果的前4行告诉我们,LINGO求出了模型的全局最优解,最优值(Objective value)为4200,矛盾约束的数目(Infeasibilities)为0,迭代次数(Total solver iterations)为2.接下来的3行告诉我们,这个线性规划的最优解为$x_1 = 20$,$x_2 = 60$,即用20 kg黄豆生产豆干,60 kg黄豆生产豆棒.

  ③如要获得对目标函数系数的敏感性分析,操作是:先选择"LINGO/Options"菜单,在弹出的选项中选择"General Solver",然后找到选项"Dual Computations",在下拉菜单中选中"Price & Ranges",保存设置.选择"LINGO/Solve"菜单重新运行,然后选择"LINGO/Ranges"菜单,得到如图2-4-2所示运行结果.

Ranges in which the basis is unchanged:

	Objective	Coefficient	Ranges
Variable	Current Coefficient	Allowable Increase	Allowable Decrease
X1	48.00000	6.000000	7.500000
X2	54.00000	10.00000	6.000000

	Righthand	Side	Ranges
Row	Current RHS	Allowable Increase	Allowable Decrease
2	80.00000	20.00000	5.000000
3	600.0000	40.00000	120.0000

图 2-4-2　LINGO 软件对目标函数系数的敏感性分析

(4)结果分析

LINGO 软件的运行结果除了告诉我们问题的最优解和最优值以外,还有很多对深入分析模型有用的信息.

图 2-4-1 第八行"Row"下面的数字 2,3 分别对应的约束条件的两种"资源":原料、劳动时间.而松弛或过剩(Slack or Surplus)给出了两种"资源"是否有剩余:原料、劳动时间的剩余均为 0,这表明原料、劳动时间已耗尽.一般称"资源"剩余为 0 的约束为紧约束(有效约束).

目标函数可以看作"效益",成为紧约束的"资源"一旦增加,"效益"必然跟着增长.图 2-4-1 第八行的对偶价格(Dual Price)给出这两种资源在最优解下"资源"增加 1 个单位时"效益"的增量:原料增加 1 个单位(1 kg 黄豆)时总利润增长 30 元,劳动时间增加 1 个单位(1 h)时总利润增长 3 元.这里,"效益"的增量可以看作"资源"的潜在价值,经济学上称为影子价格(Shadow Price),即 1 kg 黄豆的影子价格是 30 元,1 h 劳动时间的影子价格是 3 元.也就是说,将本例黄豆约束条件右端的 80 改成 81,目标函数的最大值恰好增长 30 元,变成 4230 元.

利用影子价格,我们可以做进一步的决策.例如:如果用 10 元可以买到 1 kg 的黄豆,是否应该做这项投资?因为用 10 元可以买到 1 kg 黄豆,低于 1 kg 黄豆的影子价格,可以做这项投资.如果要聘用临时工人以增加劳动时间,付给临时工人的工资最多是每小时多少元?因为 1 h 劳动时间的影子价格是 3 元,所以付给临时工人的工资不能超过每小时 3 元,这样才能增加总利润.

图 2-4-2 是对目标函数系数的敏感性分析,即假定约束条件不变,当目标函数的系数发生变化时,最优解和最优值是否改变.图中当前系数(Current Coefficient)对应的允许的增量(Allowable Increase)和允许的减量(Allowable Decrease)给出了最优解不变的条件下目标函数系数的允许变化范围:x_1 的系数为(48 − 7.5, 48 + 6)即(40.5, 54);x_2 的系数为(54 − 6, 54 + 10)即(48, 64).需要说明的是,x_1 的系数范围需要 x_2 的系数 54 保持不变,同样,x_2 的系数范围需要 x_1 的系数 48 保持不变.用这个目标函数系数的敏感性分析报告可以回答这样的问题:如果市场需求变化,每千克豆干的获利增加到 13 元,是否要改变生产计划?因为每千克豆干的获利增加到 13 元,则 x_1 的系数变为 13 × 4 = 52,52 落在系数范围(40.5, 54)内,所以不需要改变生产计划.

对"资源"的影子价格做深入的分析.影子价格的作用(即在最优解下"资源"增加 1 个单位时"效益"的增量)是有限的,即资源增加到一定程度将无法引起"效益"的增加.图 2-4-2 中右手边范围(Righthand Side Ranges)下允许的增量(Allowable Increase)表明黄豆最多增加 20 kg,劳动时间最多增加 40 h,一旦超过这个允许的增量,总利润不再发生改变.

5.模型的推广

线性规划是运筹学的一个重要分支,不仅可以应用于原料搭配问题,还可以用于物资调运问题、产品安排问题、损耗最小化问题以及区域整点问题等.

二、课后练习

某机床厂生产甲、乙两种机床,每台销售后的利润分别为 4 千元与 3 千元.生产甲机床需用 A,B 机器加工,加工时间分别为每台 2 h 和 1 h;生产乙机床需用 A,B,C 三种机器加工,加工时间为每台各 1 h.若每天可用于加工的机器时数分别为 A 机器 10 h、B 机器 8 h 和 C 机器 7 h,问该厂应生产甲、乙机床各几台,才能使总利润最大?

2.5 非线性规划模型

一、模型教学

1.问题背景

生猪出售时机问题：一个饲养场对每头生猪每天投入4元资金用于饲料、设备、人力的开支，估计可使每头80千克重的生猪体重每天增加2千克．目前，生猪的市场价格为每千克8元，但预测每天会下降0.1元．请问，什么时候出售这种生猪最合适？如果上述估计和预测有出入，会对结果产生多大影响？

2.问题分析

投入资金的目的是使生猪体重随时间增加，然而售价（单价）却随时间下降，所以，应该存在一个最佳的出售时机，使获得利润最大．这是一个优化问题，决策变量为时间 t，目标函数为利润函数 Q．

3.模型假设

假设每天投入4元资金使生猪体重每天增加一个常数 r 千克（$r=2$），生猪出售的市场价格每天降低一个常数 g 元（$g=0.1$）．

4.模型的建立与求解

(1)模型的建立

设第 t 天生猪体重为 $\omega(t)$ 千克，投入的资金为 $C(t)$ 元，单价为 $p(t)$（元/千克），出售收入为 $R(t)$ 元，纯利润为 $Q(t)$ 元，按假设有

$$\omega(t) = 80 + rt, C(t)=4t, p(t) = 8 - gt, R(t) = p(t)\omega(t),$$

从而得到纯利润函数(模型)为
$$Q(t) = R(t) - C(t) - 8 \times 80 = (80 + rt)(8 - gt) - 4t - 8 \times 80,$$
其中,$r=2$,$g=0.1$,求t,使$Q(t)$取得最大值.

这是二次函数求最大值问题,用代数法或微分法得
$$t = \frac{4r - 40g - 2}{rg}.$$

当$r=2$,$g=0.1$时,$t=10$,即10天后出售,可得最大利润为20元.

(2)敏感性分析

由于模型假设中的参数(生猪每天体重的增加量r和每天价格降低量g)均为估计和预测的,所以必须研究它们变化时对结果的影响.

①设每天价格降低量$g=0.1$元不变,研究r变化时的影响.
$$t = \frac{40r - 60}{r}, \quad r \geq 1.5.$$

显然,t是r的增函数.
$$S(t, r) = \frac{\Delta t/t}{\Delta r/r} \approx \frac{dt}{dr}\frac{r}{t} = \frac{60}{40r - 60}\bigg|_{r=2} = 3,$$

即当每天生猪体重r增加1%时,出售时间推迟3%.

②设每天生猪体重的增加量$r=2$千克不变,研究g变化时的影响.
$$t = \frac{3 - 20g}{g}, \quad 0 \leq g \leq 0.15.$$

显然,t是g的减函数.
$$S(t, g) = \frac{\Delta t/t}{\Delta g/g} \approx \frac{dt}{dg}\frac{g}{t} = \frac{-3}{3 - 20g}\bigg|_{g=0.1} = -3,$$

即当生猪价格每天降低量g增加1%时,出售时间提前3%.

因此,当r,g有微小变化时对模型结果影响不太大.

(3)强健性分析

建模过程中假设生猪体重的增加和价格的降低都是常数,由此得到的ω和p都是线性函数,这是对现实情况的简化.而更实际的模型应考虑非线性和不确定性,如
$$\omega = \omega(t), \; p = p(t), \; Q(t) = p(t)\omega(t) - 4t - 8 \times 80.$$

由微分法,最优解应满足$p(t)'\omega(t) + p(t)\omega(t)' = 4$.出售的最佳时机是保留生猪直到利润的增值等于每天投入的资金为止.本例中$p(t)' = -0.1$,$\omega(t)' = 2$是估计的,只要它们变化不大,上述结论就可用.

另外，由敏感性分析 $S(t, r) = 3$ 可知，若 $1.8 \leq \omega(t)' \leq 2.2$（10% 以内），结果应为 $7 \leq t \leq 13$（30% 以内）．

评注：这个模型本身非常简单，着重在于介绍它的敏感性分析和强健性分析．对优化模型而言，进行敏感性和强健性分析是很有必要的，能体现模型是否真的有用．

5. 模型的推广

本模型假设生猪出售的市场价格每天降低 0.1 元（一个常数）．现实的情况有可能是价格在下降的过程中下降速度会减缓，甚至达到 0．因此，模型中可以考虑这个变量，使模型更符合实际情况．

二、课后练习

森林失火后，要确定派出消防队员的数量．队员多，森林损失小，救援费用高；队员少，森林损失大，救援费用低．损失费用通常正比于森林烧毁面积，而烧毁面积与失火、灭火时间有关，灭火时间又取决于队员人数，人数越多，灭火时间越短．而救援费用既与队员人数有关，又与灭火时间长短有关．

请综合考虑损失费用和救援费用，以总费用最少来确定派出队员的数量．

第三章

学生习作

3.1 学生习作一

一、问题阐述

问题一:随着世界经济的快速发展,中国在经济增长决定性因素方面经历了显著的变化.本文需要建立一个关于经济增长的计量经济模型,并考虑到诸如最初的收入水平、劳动力数量、资本禀赋、教育经费投入、高等院校入学率等重要因素对经济总量的影响.通过建立模型找到显著相关的变量,并分析其可行性.

问题二:根据问题一建立的模型预测未来20年中国的教育水平对中国经济增长会产生怎样的影响,并分析未来的增长率或收入水平,以及与7%的增长率进行对比,判断是否合理和可行.最后,在基于模型建立的基础上,考虑显著相关变量,向政府提出合理的政策建议,以提高中国的未来经济总量.

二、模型的假设

1. 假设劳动力总数为年龄在18—60岁之间的人口总量.
2. 假设技术进步由初始水平 A_0、教育投入(用教育数量 ES 和教育质量 EQ 度量)和成果转换(用市场化进程 M 度量)共同决定.
3. 假设初始技术水平 A_0 与初始收入水平 Y_0 成正比,即:$A_0=AY_0$.
4. 假设美元与人民币汇率为7∶1,且保持不变.

三、名词解释与符号说明

1. 名词解释

①资本禀赋:又称为要素禀赋,指一个国家拥有各种生产要素,包括劳动力、资本、土地、技术等方面.

②噪声水平:指杂散干扰,理论数据与现实的差值或者称为信号的失真.

2.符号说明

表3-1-1

变量符号	含义说明
Y	经济增长(以1997年为基期的实际GDP)
Y_0	最初的收入水平(1952年的GDP)
ES	教育经费总量的对数值(教育数量)
EQ	普通高校师生比(教育质量)
M	市场化进程(樊纲等提出的"市场化指数")
K	资本禀赋(资本形成总额)
L	人口规模(总人口)
A_0	初始技术水平
σ^2	总体方差
X	变量
μ	总体均值
N	总体例数
A	技术水平
λ	参数1
α	资本的弹性
β	劳动力的产出弹性
ε	噪声水平(随机误差)
γ	参数2

四、问题一的分析与求解

1.问题一的分析

本问题要求选取合适的经济增长因素,建立经济增长的一个计量经济模型.针对这一问题,本文分为两个步骤解决.首先,本文收集了可能对经济增长有相关性的数据,诸如教育开支总额占GDP的比例、普通高校师生比、中国GDP、人口规模、资本禀赋等数据,考虑到这些数据与现实值有一定的差异,本文对一些数据进行了相关性分析和数据优化.其次,对这些处理后的数据通过建立线性回归模型和方差分析,找出了与经济增长显著相关的因素,并建立了一个经济增长的计量经济模型.

2.问题一的求解

模型Ⅰ——以经济总量为因变量的线性回归预测

(1)模型的准备

在统计学中,线性回归(Linear Regression)是利用称为线性回归方程的最小平方函数对一个或多个自变量和因变量之间的关系进行建模的一种回归分析.这种函数是一个或多个称为回归系数的模型参数的线性组合.只有一个自变量的情况称为简单回归,大于一个自变量情况的叫作多元回归.社会经济现象的变化往往受到多个因素的影响,因此,一般要进行多元回归分析,我们把包括两个或两个以上自变量的回归称为多元回归.利用数理统计中的回归分析,来确定两种或两种以上变量间相互依赖的定量关系的一种统计分析方法,运用十分广泛.其表达形式为 $y = w'x + e$, e 为误差服从均值为0的正态分布.

(2)数据的预处理

根据国研网统计数据库提供的数据,收集我国2000—2016年的GDP总量及年增长率,具体数据见图3-1-1、图3-1-2.

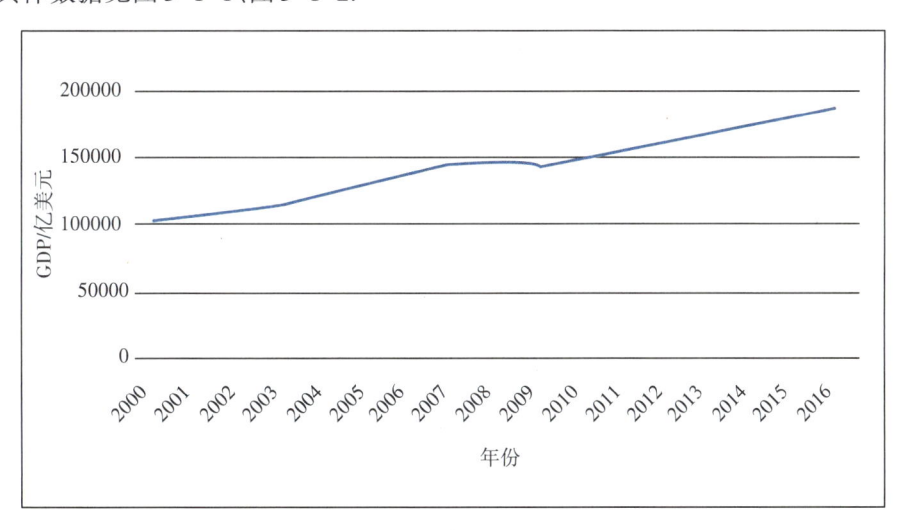

图3-1-1 中国GDP

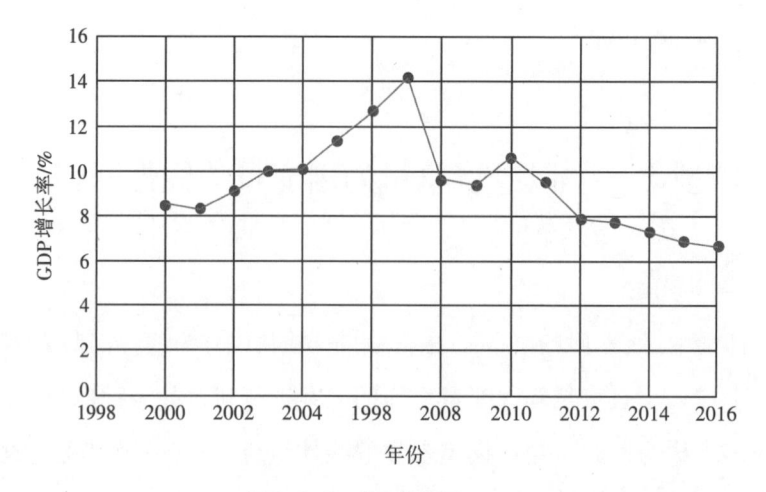

图 3-1-2　GDP 增长率

(3)模型的建立

线性回归模型如下：

$$y_1 = b_0 + b_1 x_1 + b_2 x_2 + \cdots + b_2 x_2 + \mu_i.$$

方差分析：

$$\sigma^2 = \frac{\sum(X-\mu)^2}{N}.$$

在概率论和统计学中，方差用于衡量随机变量或一组数据的离散程度．概率论中方差用来度量随机变量和其数学期望（均值）之间的偏离程度．统计中的方差（样本方差）是每个样本值与全体样本值的平均数之差的平方值的平均数．在许多实际问题中，研究方差即偏离程度有着重要意义．

(4)模型的求解

运用 SPSS 软件分别导入三组数据进行线性回归，得到如下结果．

①政策与 GDP 之间的关系．

表 3-1-2　政策与经济总量之间的关系

模型	R	R 方	调整 R 方	标准估计的误差	Durbin-Watson
1	979[a]	0.958	0.952	5.676E11	1.059

a. 预测变量：(常量)，科技研发支出占 GDP 的比例，教育开支总额占 GDP 的比例．

b. 因变量：中国 GDP．

R表示拟合优度（Goodness of Fit），拟合优度越接近1说明模型越吻合．表3-1-2的最终调整R方为0.952，非常接近1，表示自变量一共可以解释因变量95.2%的变化，使用的是Stepwise Linear Regression（SWLR），分析—回归—线性—求解．

表3-1-3

模型		平方和	df	均方	F	Sig.
1	回归	1.039E26	2	5.193E25	161.199	0.000ᵃ
	残差	4.510E24	14	3.222E23		
	总计	1.084E26	16			

a.预测变量：（常量），科技研发支出占GDP的比例，教育开支总额占GDP的比例．
b.因变量：中国GDP．

本文以最近16年政策（教育支出占比和科技研发支出占比）为自变量，以GDP总量为因变量进行方差分析，结果如表3-1-3所示，Sig.=0.00<0.05，认为此模型可行，并与经济总量显著相关．

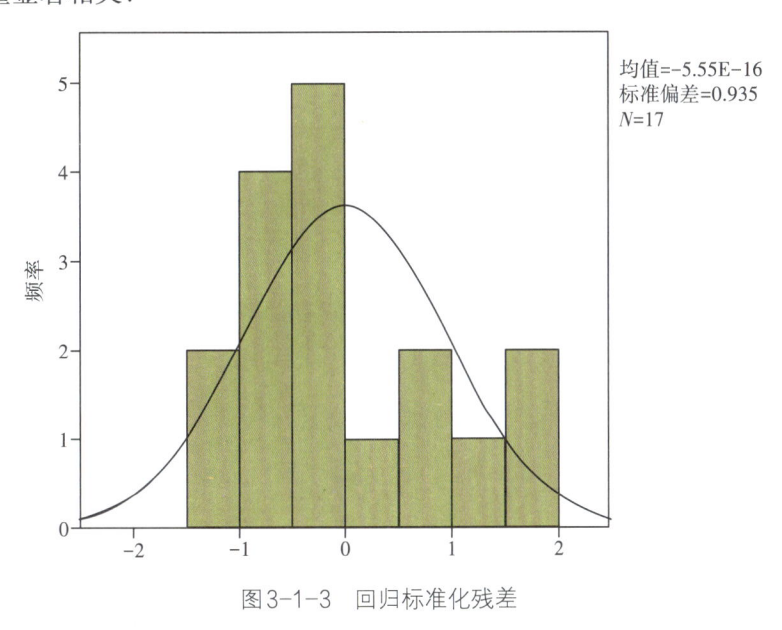

图3-1-3　回归标准化残差

（因变量：中国GDP）

②人口变化与经济总量之间的关系

经济总量是全国每个人的经济量之和，所以本文认为人口数量的变化与经济总量之间存在相关性．通过SPSS线性回归，以人口变化（18—60岁总人口占比）（劳动力总数）为自变量，经济总量为因变量，研究相关关系．

表3-1-4

模型	R	R方	调整R方	标准估计的误差	Durbin-Watson
1	0.732[a]	0.536	0.506	18301.06963	0.128

a. 预测变量：(常量), 18—60岁人口占总人口的比例.

b. 因变量：中国GDP.

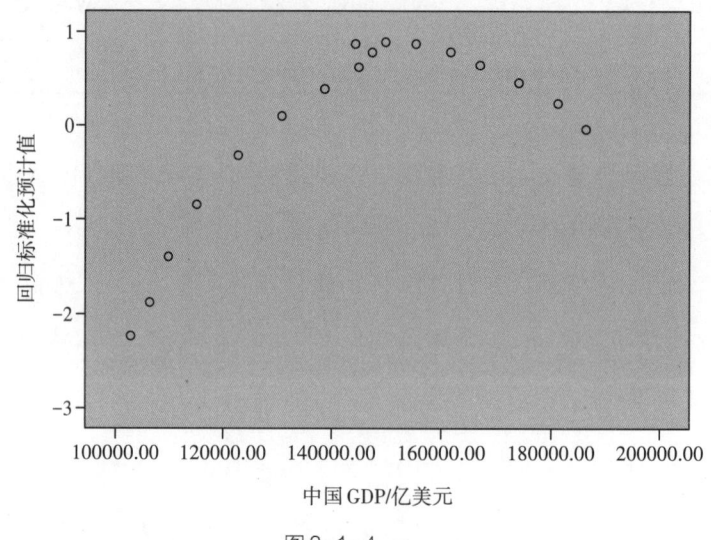

图3-1-4

通过数据分析，发现R方不接近1，与预测数据差距较大，说明人口变化与经济总量并不显著相关，所以本文将舍弃人口变化对于经济总量的影响．这也符合实际情况，如今经济的增长主要来源并不是单纯依靠人口的数量，而是要求人口的综合质量和整体素质．

③教育与经济总量之间的关系

教育是如今发展的重要工作，是培养人才和提高人口质量的关键．本文认为教育（教育所占GDP比例、高校入学率、学校师生比等教育因素）对于国家的经济、社会发展均有很重要的作用和影响．

表3-1-5

模型	R	R方	调整R方	标准估计的误差	Durbin-Watson
1	0.996[a]	0.992	0.986	2847.24762	1.807

a. 预测变量：(常量), 中学教育, 接受职业教育的学生(人), 学校入学率, 小学(占总数的百分比), 中学教育, 一般学生(人), 高等院校入学率, 初中以上文化程度占总人口比重, 普通高校师生比.

b. 因变量：中国GDP.

c. 通过数据分析表中R方为0.992，非常接近1．

表3-1-6

模型		平方和	df	均方	F	Sig.
1	回归	8.810E9	6	1.468E9	181.123	0.000ª
	残差	72961371.059	9	8106819.007		
	总计	8.883E9	15			

a. 预测变量：(常量)，中学教育，接受职业教育的学生(人)，学校入学率，小学(占总数的百分比)，中学教育，一般学生(人)，高等院校入学率，初中以上文化程度占总人口比重，普通高校师生比．

b. 因变量：中国GDP．

由SPSS线性回归可得，教育(教育所占GDP比例、高校入学率、学校师生比等教育因素)与国家经济总量显著相关．方差分析得Sig.=0.00<0.05，所以本文认为模型有效．

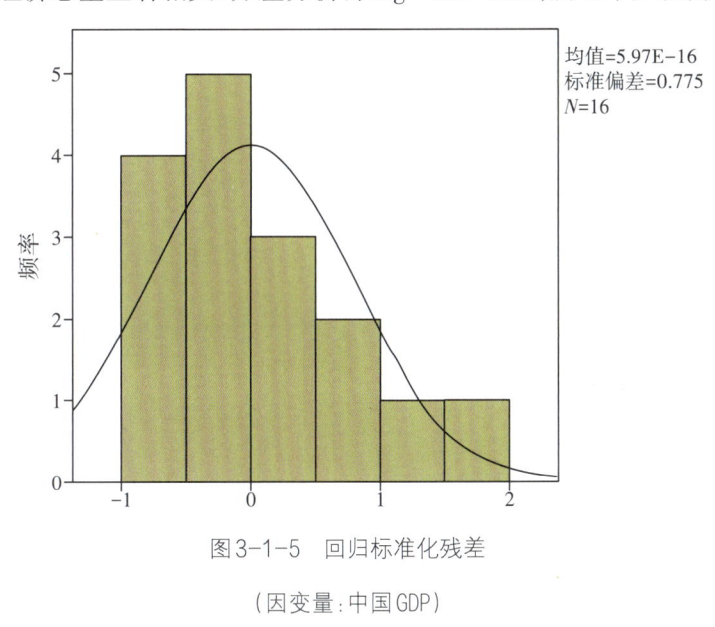

图3-1-5　回归标准化残差

(因变量：中国GDP)

模型Ⅱ——Excel六元线性回归系数计算

(1)模型的准备

①收集数据

通过国研网数据库"指标"搜索，得到1997—2016年共20年中国31个不同省(市、自治区)的以下数据：(1)最初收入水平(1952年)用于反映各地区的起始经济基础；(2)各地区总人口(人口规模)；(3)各地区资本禀赋；(4)教育数量(每年教育经费投入);(5)教育质量(普通高校师生比);(6)市场化进程的数据.且各自变量与因变量之间相关程度均大于各自变量之间.

②初步分析

根据模型Ⅰ中的变量,得到经济总量与教育投入和科技研发显著相关,预测GDP与教育数量、质量呈正相关.

③数据的清洗

各自变量与因变量之间相关程度应大于各自变量之间.通过两组数据的相关系数的计算公式

$$\rho_{x,y} = \frac{Cov(x, y)}{\sigma_x \sigma_y},$$

利用Excel的相关系数计算得到下表.

表3-1-7

	(人口规模)
(最初的收入水平)	−7.62063E−16
	(教育质量)
教育数量	−0.93064759
	(市场化进程)
教育质量	−0.879229048

由表可得各自变量之间呈负相关,说明各自变量之间没有影响.

④数据预处理

为了计算的简单和处理数据的方便,本文将以上大于100的数据取对数ln.为了保证数据的随机性和模型的合理性,本文运用Excel随机从20个年份中选出了15个年份作为处理数据.

(2)模型的建立

①线性模型的计算:

$$\ln Y = \gamma_1 \lambda \ln Y_0 + \gamma_2 \ln ES + \gamma_3 EQ + \gamma_4 M + \alpha \ln K + \beta \ln L.$$

②最小二乘法:

$$\sum_{j=1}^{n} X_{ij} \beta_j = Y_j, (i = 1, 2, 3, \cdots, m).$$

其中m代表有m个等式,n代表有n个未知数β,$m>n$;将其进行向量化后为:

$$X\beta = y,$$

$$X = \begin{bmatrix} X_{11} & X_{12} & \cdots & X_1 \\ X_{21} & X_{22} & \cdots & X_2 \\ \vdots & \vdots & & \vdots \\ X_{m1} & X_{m2} & \cdots & X_{mn} \end{bmatrix}, \beta = \begin{bmatrix} \beta_1 \\ \beta_2 \\ \vdots \\ \beta_n \end{bmatrix}, y = \begin{bmatrix} y_1 \\ y_2 \\ \vdots \\ y_n \end{bmatrix}.$$

③估计标准误差. 多元回归中的估计标准误差也是误差项 μ 的方差 σ^2 的一个估计值：

$$s_e = \sqrt{\frac{SSE}{n-k-1}} = \sqrt{MSE}.$$

④检验预测值判断预测数据的可靠性, 残差检验公式：

$$\varepsilon(k) = \frac{x^{(0)}(k) - \hat{x}^{(0)}(k)}{x^{(0)}(k)}, \quad k = 1, 2, \cdots, n.$$

⑤根据 C-D 生产函数：生产函数模型可作为经济系统经济效益、技术进步、投入产出、经济预测等问题研究的重要手段. 一般利用线性化方法, 在通常的经济分析中往往可行但在多数情况下往往出入较大. 这在经济预测上表现为误差很大.

$$Y = AK^\alpha L^\beta.$$

其中, Y 为国内生产总值(GDP), K 为资本, L 为劳动力, α 和 β 分别为资本和劳动力的产出弹性, A 为技术进步.

对上式两边取对数可以得

$$\ln Y = \ln A + \alpha \ln K + \beta \ln L.$$

假设技术进步由初始水平 A_0、教育投入(用教育数量 ES 和教育质量 EQ 度量)和成果转化(用市场化进程 M 度量)共同决定, 并假设初始技术水平 A_0 与初始收入水平成正比, 即

$$A_0 = \lambda Y_0.$$

(3)模型的求解

表 3-1-8

	Coefficients	标准误差	t Stat	P-value	Lower 95%	Upper 95%	下限 95.0%	上限 95.0%
Intercept	0.153317	0.182317	0.840937	0.400822	−0.20496	0.511598	−0.20496	0.511598
X Variabl1	0.015065	0.001393	10.81278	2.01E−24	0.012327	0.017803	0.012327	0.017803
X Variable2	0.551943	0.023395	23.59243	3.96E−81	0.505968	0.597918	0.505968	0.597918
X Variable3	0.050981	0.041532	1.227523	0.220257	−0.03064	0.132597	−0.03064	0.132597
X Variable4	0.255926	0.047178	5.424707	9.42E−08	0.163214	0.348638	0.163214	0.348638
X Variable5	0.047345	0.004509	10.50084	2.94E−23	0.038485	0.056205	0.038485	0.056205
X Variable6	0.099575	0.009648	10.32062	1.36E−22	0.080614	0.118535	0.080614	0.118535

通过Excel回归得出系数为

$$\ln Y = 0.015065 \ln Y_0 + 0.255926 \ln ES + 0.047345 EQ + 0.099575 M + 0.050981 \ln K +$$
$$0.551943 \ln L + 0.153317 + \varepsilon.$$

通过分析系数得,近年来人口数量对于经济增长影响最为显著,其次为教育数量,这与我国是人口大国的基本国情相符.

表3-1-9

回归统计	
Multiple R	0.968996
R Square	0.938953
Adjusted R Square	0.938153
标准误差	0.251199
观测值	465

"Multiple R"为 x 和 y 的相关系数 r,一般在 $-1 \sim 1$ 之间,绝对值越靠近1则相关性越强,越靠近0则相关性越弱,计算结果为0.968996,非常接近1,说明结果可靠.Adjusted R Square为调整R方,结果也接近1,结果可靠.标准误差用来衡量拟合程度的大小,也用于计算与回归相关的其他统计量,此值越小,说明拟合程度越好,结果为0.251199,值小,说明拟合程度好.

表3-1-10

方差分析	df	SS	MS	F	Significance F
回归分析	6	444.5065	74.08441	1174.061	1.9E−274
残差	458	28.90025	0.063101		
总计	464	473.4067			

方差分析,主要作用是通过F检验来判定回归模型的回归效果,主要关注回归分析这一行的(F显著性统计量)P值.以统计常用的0.05显著水平为例,表3-1-10中的1.9E−274明显小于 $P=0.05$,则F检验通过,整体回归方程显著有效.

(4)问题一的结论

通过线性回归及多元函数求解,本文得出近年来中国的经济增长主要与人口规模、教育数量呈正相关的结论.但是结合回归系数和实际,经济增长越来越偏向于重视教育的数量和质量,而非人口的数量.随着中国老龄化社会的到来,劳动力人口的数量也会存在一定程度的下滑,而教育是最好的提高人口综合素质的方法,通过回归系数也能发现教育的质量所占比例小,所以政府应该继续加大教育的投入,并不断提高教育的质量,从而提高经济总量.

五、问题二的分析与求解

1.问题二的分析

本问题要求用问题一中建立的模型预测未来20年教育水平如何对中国经济增长产生影响,预测未来的经济增长率或收入水平,判断未来20年人均经济增长年均约为7%是否可行,并向政府提出政策建议.针对该问题,本文先利用模型Ⅰ所得公式并结合文献和合理假设算出到2036年的经济增长率或收入水平的具体数值.然后使用Excel以前20年年度经济增长率的数据做出预测,得到未来20年年度经济增长率的合理范围,再计算得出我国近年来的经济平均增长率,即后一年的经济指标减去前一年的经济指标再除以前一年的经济指标.再用年均经济增长率的计算衡量若干年来经济的平均变化情况,并预测未来经济增长率.比对计算数据是否在合理范围中,并与7%进行对比,得出结论,提出建议.

2.问题二的求解

模型Ⅲ——基于前十七年的增长率Excel预测模型

(1)基于问题一模型教育对于未来经济总量影响的预测

由 $\ln Y = 0.015065 \ln Y_0 + 0.255926 \ln ES + 0.047345 EQ + 0.099575M + 0.050981 \ln K + 0.551943 \ln L + 0.153317$ 的系数可以得到,中国作为一个人口大国,人口规模所产生的影响最为显著,而教育数量为其次,教育质量对经济总量影响较小.但其中,教育数量 ES 的估计系数不显著,而教育质量 EQ 的估计系数显著为正,因此,政策建议应该重心在于提升教育质量,教育质量每提高一个单位,经济总量则会提高0.255926个单位.另外,政府所制定政策也应偏重于改变教学方式,提高师生比,从而提高教育质量.

(2)模型准备

①模型原理

线性趋势线是适用于简单线性数据集的最佳拟合直线.如果数据点构成的图案类似于一条直线,则表明数据是线性的.线性趋势线通常表示事物是以恒定速率增加或减少的.

②数据收集

通过在世界银行数据库,得到中国1990—2016年的人均GDP增长率,如图3-1-6所示,以及在国研网统计数据库收集到的2000—2016年的总GDP增长率,如图3-1-2所示.

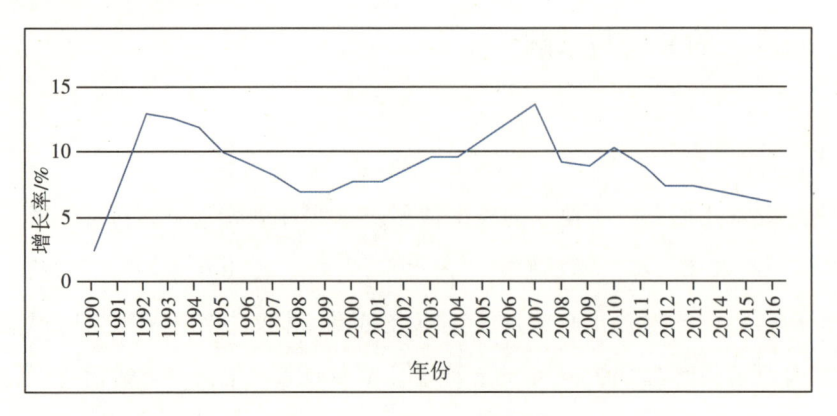

图 3-1-6　人均 GDP 增长率

（3）模型的建立

置信区间是指由样本统计量所构造的总体参数的估计区间.在统计学中,一个概率样本的置信区间（Confidence interval）是对这个样本的某个总体参数的区间估计.置信区间展现的是这个参数的真实值有一定概率落在测量结果的周围.置信区间给出的是被测量参数的测量值的可信程度,即前面所要求的"一个概率".本文通过 Excel 预测得到 2017—2036 年人均 GDP 的置信区间和趋势,如图 3-1-7、表 3-1-11 所示.

置信区间计算公式：

$$Pr(c_1 < \mu <= c_2) = 1 - \alpha.$$

图 3-1-7

表 3-1-11

年份	趋势预测	置信下限	置信上限
2017	6.166475	2.065979	10.26697
2018	6.134804	1.006723	11.26288
2019	6.103133	0.119352	12.08691

续表

年份	趋势预测	置信下限	置信上限
2020	6.071462	−0.66199	12.80491
2021	6.039791	−1.36956	13.44914
2022	6.00812	−2.022	14.03824
2023	5.976449	−2.63126	14.58416
2024	5.944779	−3.20552	15.09508
2025	5.913108	−3.75068	15.57689
2026	5.881437	−4.27115	16.03402
2027	5.849766	−4.77035	16.46988
2028	5.818095	−5.25097	16.88716
2029	5.786424	−5.71519	17.28804
2030	5.754753	−6.1648	17.67431
2031	5.723082	−6.60129	18.04745
2032	5.691411	−7.0259	18.40873
2033	5.65974	−7.43972	18.7592
2034	5.62807	−7.84366	19.09979
2035	5.596399	−8.23851	19.43131
2036	5.564728	−8.62498	19.75444

如表3-1-11所示，做出了2017—2036年的人均GDP增长率预测．到2036年，中国人均GDP增长率在5.564728左右，平均值为5.8656，均接近于7，且置信区间位于8.62498—19.75444之间，包含7，所以本文初步认为，未来20年中国人均GDP增长率为7%可行．

(4)模型的求解

假设2016年后中国人均GDP增长率为7%（2016年GDP经济总量为186244.75亿美元），则可得第n年中国GDP(V)为

$$V = 186244.75 \times (1+7\%)^n.$$

代入20年后2036年数据：$n=20$，得

$$V = 186244.75 \times (1+7\%)^{20} = 720708.41529.$$

再由本文问题一所建模型得出公式进行检验：

$\ln Y = 0.015065 \ln Y_0 + 0.255926 \ln ES + 0.047345 EQ + 0.099575 M + 0.050981 \ln K + 0.551943 \ln L + 0.153317 + \varepsilon.$

通过大量的文献参考和专家建议，我们假设人口规模以年均0.6%的速度增加，资本禀赋以年均2%的速度增长，教育数量以年均1.5%的速度增长，教育质量暂时达到

饱和,不会变化,市场化进程与我国基本国情相关联,本文忽略其变化.得到以下结果:

$$\begin{aligned}\ln Y &= 0.015065 \times 6.445483 + 0.255926 \times 10.4787 \times (1+1.5\%)^{20} \\&\quad + 0.047345 \times 5.88590103 + 0.099575 \times 9.22 + 0.050981 \times 12.9642 \\&\quad \times (1+2\%)^{20} + 0.551943 \times 11.8349 \times (1+6\%)^{20} + 0.153317 + \varepsilon \\&= 13.403616348,\end{aligned}$$

$$y = 662394.3471.$$

相对误差: $z = \dfrac{720708.41529 - 662394.3471}{720708.41529} = 0.08090845.$

(5) 问题二的结论

由以上可得两次计算相对误差较小,所以本文经过检验得到未来20年人均GDP增长为7%可行.

(6) 政策建议

首先,建议在未来的长时间内,增加对高等教育的投资,并拓宽融资渠道.高等教育经费的投入对于我国的经济增长具有显著的影响.然而,由于国家整体财力的限制以及基础教育投资的重要性,我国对高等教育的投入远远落后于其他国家.因此,建议政府采取以下措施:加大投资力度,合理确定高等教育投资比例,确保足量投入高等教育经费;同时,也需要适度开放高等教育市场,优化融资环境,实现高等教育投资主体多元化.此外,各高校应合理编制学校预算,科学调配学校资源,并加强资金运作过程中的科学管理与监督,事后认真核算分析.

其次,建议加大技术创新投入和人才培养力度,夯实技术创新的基础,培育和提升技术创新能力.虽然短期内技术创新不一定促进经济增长方式的转变,但不能否定长期内技术创新对经济增长方式转变的根本作用.因为技术创新投入对经济增长方式转变的积极作用可能需要较长的时间才能显现,或者受技术成果转化率制约而不能充分发挥技术创新对经济增长方式转变的正面作用.特别是,技术创新能力决定了技术引进战略最终能否成功向自主创新战略的转变.因此,要加大技术创新以不断提升技术能力,当然技术创新的内容要合理安排.

最后,所有事物都具有两面性.高等教育投入与经济增长既相互促进,又相互制约.经济增长通过为高等教育提供的社会资源来制约高等教育的发展,经济活动水平决定了高等教育投入资源的规模和结构.而高等教育投入则通过影响高等教育系统产出高等人才、科研成果的数量和质量,控制社会劳动生产率,进而制约经济增长.因此,高等教育投入与经济增长之间存在相互促进与制约的关系.

六、模型检验

对于模型Ⅰ,本文随机选取一个城市——北京,从人口规模、教育质量、教育数量、资本禀赋、市场化进程等因子中选取近20年中的前15年的数据预测后5年GDP总和与实际进行比对,并分析误差,结果如下:

$\ln Y = 0.015065 \ln Y_0 + 0.255926 \ln ES + 0.047345 EQ + 0.099575 M + 0.050981 \ln K + 0.551943 \ln L + 0.153317 + \varepsilon.$

(1)第一年:

$\ln Y_1 = 0.015065 \times 7.88 + 0.255926 \times 6.766899 + 0.047345 \times 5.98802 + 0.099575 \times 10.8899 + 0.05098 \times 8.910538 + 0.551943 \times 7.634971 + 0.153317 + \varepsilon = 8.240056.$

(2)第二年:

$\ln Y_2 = 0.015065 \times 7.88 + 0.255926 \times 6.907597 + 0.047345 \times 6.41849 + 0.099575 \times 11.401 + 0.050981 \times 8.970616 + 0.551943 \times 7.656721 + 0.153317 + \varepsilon = 8.1624052.$

(3)第三年:

$\ln Y_3 = 0.015065 \times 7.88 + 0.255926 \times 6.997563 + 0.047345 \times 6.2659 + 0.099575 \times 11.899 + 0.050981 \times 9.025152 + 0.551943 \times 7.673972 + 0.153317 + \varepsilon = 8.2402195.$

(4)第四年:

$\ln Y_4 = 0.015065 \times 7.88 + 0.255926 \times 7.018523 + 0.047345 \times 6.21504 + 0.099575 \times 12.5699 + 0.050981 \times 9.046648 + 0.551943 \times 7.682718 + 0.153317 + \varepsilon = 8.3157801.$

(5)第五年:

$\ln Y_5 = 0.015065 \times 7.88 + 0.255926 \times 7.127458 + 0.047345 \times 6.68003 + 0.099575 \times 13.0197 + 0.050981 \times 9.217729 + 0.551943 \times 7.683869 + 0.153317 + \varepsilon = 8.4198204.$

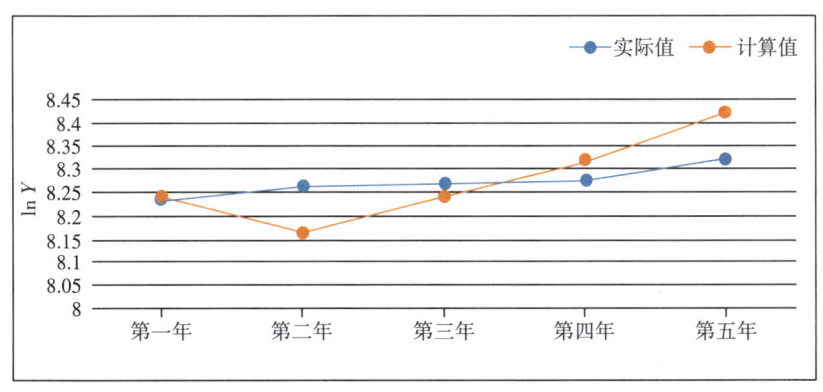

图3-1-8 计算值与实际值的比对

表 3-1-12

实际值	计算值	误差值	绝对误差
8.234135	8.240056	−0.00592	−0.00072
8.26203	8.162405	0.099625	0.012058
8.266003	8.24022	0.025783	0.003119
8.275252	8.31578	−0.04053	−0.0049
8.318626	8.41982	−0.10119	−0.01216

如图3-1-8、表3-1-12所示,实际GDP与计算值误差值较小,所以本文认为此模型合理.

七、模型的评价与推广

1.模型的优点

(1)利用Excel软件对数据进行处理并做出图表,操作快捷、简便、直观.

(2)运用SPSS软件相关度对比证明各自变量之间不相关,表明模型的合理性.

(3)运用方差分析,分析模型拟合优度.

(4)数据收集全面,通过人工智能算法,随机抽取75%的数据用于计算,25%用于检验.

2.模型的缺点

(1)对于一些数据,我们对其进行了一些必要的处理,这会带来一定的误差.

(2)模型中为使计算简便,使所得结果更理想化,忽略了一些次要影响因素.

(3)计算结果只符合中国国情,并不适用于所有国家.

(4)忽略了难以量化的汇率变化.

3.模型的推广

(1)本文问题一所得出公式可用于粗略计算中国未来的GDP总量及增长率.

(2)Excel预测可用于预测变量变化趋势.

(3)SPSS线性回归可用于研究变量之间的相关性.

八、模型的改进

1. 寻找更多的数据、更早年份的各项指标,会使得到的结果更为合理,预测更为精确.

2. 考虑尽可能多方面的因素,使计算更为合理.

3.2 学生习作二

一、问题阐述

近年来,全球气候变暖导致极端天气频发,给全球造成了不小损失,引起了多方关注.安邦咨询的研究团队认为,极端天气频发揭示了一个重要问题:地球的承载能力已达到极限.地球承载力的问题本质上是人与自然的关系问题.截至2015年,全世界总人口已达到73亿,如此庞大的人口数量给地球承载力带来了严峻挑战.虽然技术进步使人类能够生产出养活更多人口的食物(例如工业化农业生产、基因技术创新等),但人类的生存活动需要交通、住房、公共服务、医疗等支持.贫穷和原始的生活方式消耗较低,但人们追求富裕的永恒动力整体上加大了物质消耗和能源消耗的需求.因此,我们想要探究地球对人类生命的承载能力是多少.

由上述问题背景,提出以下问题.

问题一:确定并分析你认为在当前条件下限制地球对人类生命承载能力至关重要的因素.

问题二:利用数学模型确定当今条件和技术下地球对人类生命的承载能力.

问题三:在感知或预期未来条件下,人类可以做些什么来提高地球对人类生命的承载能力?这些条件是什么?

二、问题分析

针对问题一,我们认为地球对人类的承载负荷趋于稳定时即为地球对人类生命的承载能力.拟采用世界人口数来表示地球承载负荷,通过寻找影响世界人口数量的因素来寻找影响地球承载能力的因素.而我们拟用相关系数及显著性检验衡量指标集与世界人口数量的关系,进而对指标集进行精简.

针对问题二,我们拟利用时间序列预测地球对人类的承载负荷达到稳定时的世界人口总量.但影响人口数量因素众多,我们认为单纯使用人口数量进行预测会导致结果不精确,因此我们拟打算利用因子分析将已有指标集定义为一个能够衡量地球对人类生命的承载负荷状态的指标,利用指标值的变化规律来修正时间序列模型的预测结果,并对当今地球对人类的承载能力做出判断.

针对问题三,我们拟根据得分选取对地球承载能力提升最有利的因子进行分析,拟通过因子变动量定义指标对提升地球承载能力的效果进行度量.

三、模型假设

1. 假设所收集的数据真实可靠.
2. 假设预测期间,地球无重大灾难发生.
3. 假设时间序列相邻数据是相关的.

四、符号说明

表3-2-1

变量符号	含义说明
$X_1, X_2, \cdots, X_{10}$	农业用地面积、可再生淡水资源总量、森林面积、有害气体排放量、谷物产量、电力消耗、能源使用量、能源供应量、可再生能源、替代能源
$X_{ij}, \hat{X}_{ij}, \bar{X}_{ij}, X_{j\max}, X_{j\min},$	第j个指标i年的值,第j个指标i年归一化的值,第j个指标的均值,第j个指标的最大值,第j个指标的最小值
s	两样本序的差
r_s	秩相关系数
SI	地球对人类生命的承载负荷状态的指标
Δy_t	时间序列
$\hat{\rho}_k, \hat{\varphi}_k$	自相关系数,偏相关系数
ε	随机项
g_i	各因子的方差贡献率
F_i	各因子得分
k	修正系数
$\hat{y}, \tilde{y}$	人口增长率,修正后的人口增长率
l	污染治理收益系数
ΔF_i	第i个主因子变动率

五、模型建立与求解

1.问题一——影响因素的选取

根据承载能力的概念,我们必须明确的是,在地球资源有限的条件下,要保证地球环境无限期维持下去,就必须使得各类资源的再生速度与消耗速度达到相对平衡.承载能力是一种平衡状态下的种群规模数.它是承载负荷力在长时间的增长之后,保持平稳变化时所对应的承载负荷,如图3-2-1所示.

要研究限制地球对人类生命的承载能力(以下简称为地球承载能力)的主要因素,即研究影响地球承载负荷的主要因素,且根据承载能力的定义,我们采用世界人口数来定量表示地球对人类的承载负荷.因此,问题一转换为探究制约世界人口数量的主要因素.

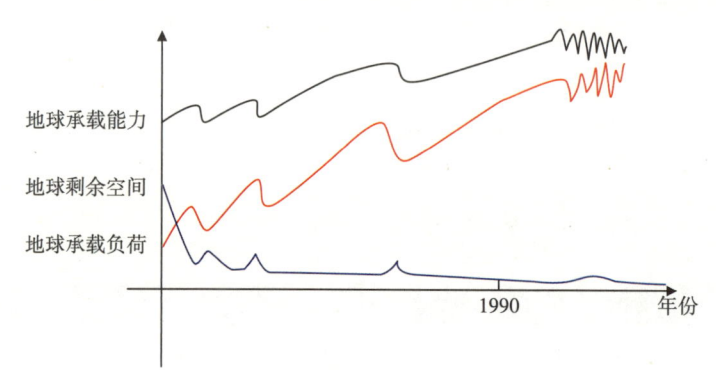

图3-2-1 地球承载能力与地球承载负荷关系示意图

影响人口数量的因素很多,环境资源、国家政策、自然灾害等均会对其造成影响.而政策因素的量化存在一定的难度,且就目前而言,大国之中只有中国开始实施人口管控政策.并且,自然灾害的发生是不可控的.因此,本文认为影响当今人口数量主要因素是环境资源方面.

值得说明的是,地球的土地资源与水资源在短期内几乎是不变的,土地影响人口的表现更多的是在耕地面积上,水资源则主要是海水淡化.因此,在选择初步的影响集时,我们从保证人类正常生活、生产为出发点来考虑,选取农业用地面积、可再生淡水资源总量、森林面积、有害气体排放量、谷物产量、电力消耗、能源供需关系、可再生能源以及替代能源等因素作为世界人口数量的影响因素集.

表 3-2-2　世界人口数的影响因素集

指标因素	说明	
农业用地面积	用于农业生产,以及农业生产可以利用的土地面积	X_1
可再生淡水资源总量	人均可再生淡水资源	X_2
森林面积		X_3
温室气体排放量	二氧化碳气体排放总量	X_4
谷物产量	全世界作为粮食的谷物生产量	X_5
电力消耗	人均耗电量	X_6
能源使用量	初级能源在转化为其他最终用途的燃料之前的使用量	X_7
能源供应量	初级能源供应总量	X_8
可再生能源	世界人均可再生能源量	X_9
替代能源	世界人均可替代能源和核能在能源使用量	X_{10}

(1)影响因素的验证

为验证初步选出的世界人口影响因素集的合理性,我们利用秩相关分析法定量分析各因素与世界人口的相关性,并修正上述因素集.

①数据预处理

由于数据收集的困难性,将不可避免地使得我们所收集的数据存在缺失值.对此,本文采用基于 k 个最近邻的缺失值填充算法填补缺失值.算法主要思想根据样本之间的距离确定离具有缺失数据样本最近的 k 个样本,将这 k 个值加权平均来估计该样本的缺失数据.

首先对数据进行归一化来消除不同单位带来的影响.公式如下:

$$\hat{x}_{ij} = \frac{x_{ij} - \bar{x}_j}{x_{j\max} - x_{j\min}}, \ j = 1, 2, \cdots, 10; \ i = 1990, \cdots, 2018,$$

其中 x_{ij} 为第 j 个指标 i 年的值,$\hat{x}_{ij}$ 为第 j 个指标 i 年归一化的值,$\bar{x}_j$ 为 1990—2018 年第 j 个指标的均值,$x_{j\max}$ 为 1990—2018 年第 j 个指标的最大值,$x_{j\min}$ 为 1990—2018 年第 j 个指标的最小值.

接着我们采用欧氏距离

$$d(X, Y) = \sqrt{\sum_{i=1}^{l}(x_i - y_i)^2}$$

计算距离矩阵,其中 $X = (x_1, \cdots, x_n)$ 与 $Y = (y_1, \cdots, y_m)$ 是各个指标中的任意两个,$l = \min\{n, m\}$.对于第 j 个指标的第 i 时刻缺失,我们选取与第 j 个指标最近的 k 个指标,取这 k 个指标的平均值作为插补值.本文选定 $k=6$.

②模型的建立

我们作出各个指标与人口总量的散点图及拟合图(图3-2-2),发现大部分指标与人口总量均不呈线性关系,因此皮尔逊相关系数不能对我们指标的相关性进行度量,所以我们选取秩相关系数作为度量方式.

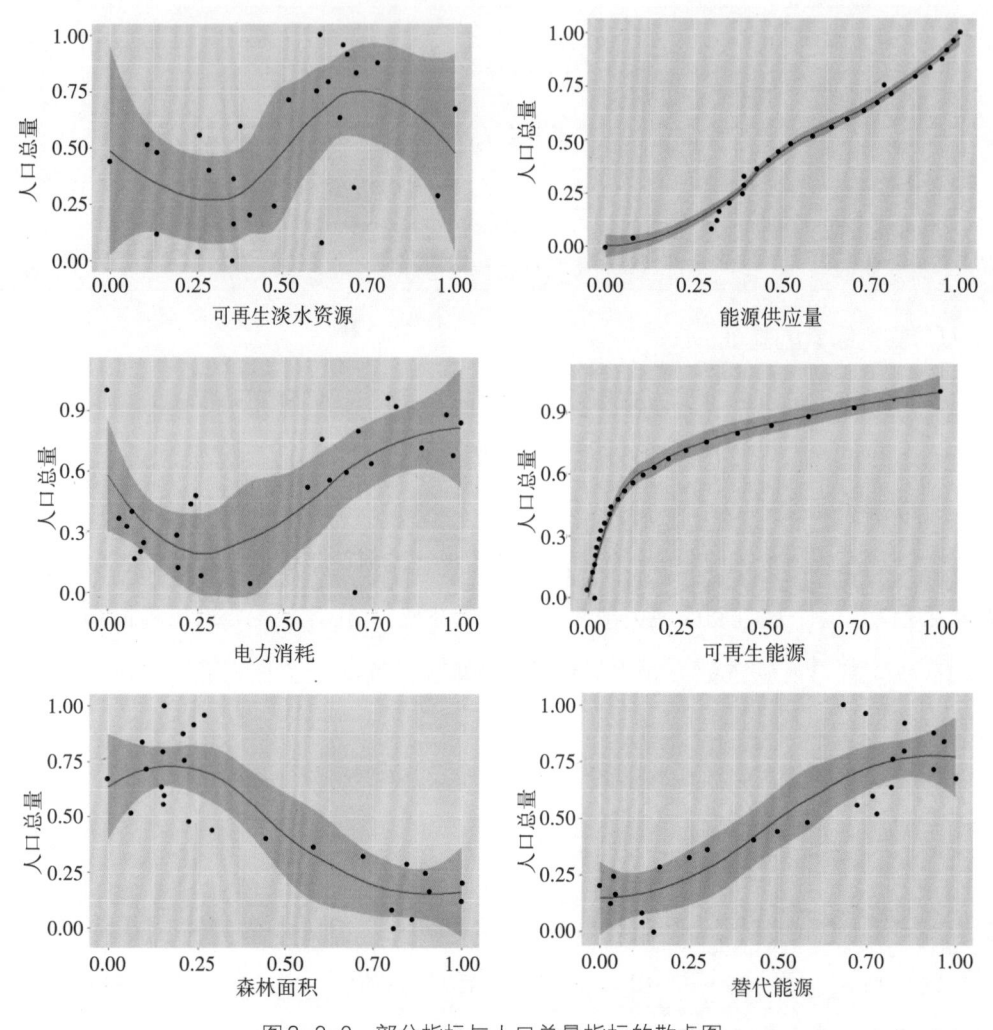

图3-2-2　部分指标与人口总量指标的散点图

秩相关系数又称等级相关系数,是将两个样本中的各自元素值按数据的大小排序,以各元素值的位置代替该样本实际元素值的一种统计量.它是反映等级相关程度的统计分析指标.设$X=(x_1, \cdots, x_n)$与$Y=(y_1, \cdots, y_n)$为两样本,计算步骤如下:

Step1:将X与Y内的元素由小到大排序,$X'=(x_{(1)}, \cdots, x_{(n)})$和$Y'=(y_{(1)}, \cdots, y_{(n)})$,得到原始数各元素的序(order)$d_1, d_2$.比如$X=(4,1,2,5)$,排序后$X'=(1,2,4,5)$,它的序为$d=(3,1,2,4)$.

Step2：求出两样本序的差 $s = (s_1, \cdots, s_n) = d_1 - d_2$.

Step3：计算秩相关系数 $r_s = 1 - \dfrac{6\sum\limits_{i=1}^{n} s_i}{n(n^2-1)}$.

如果秩相关系数为正,则 Y 随着 X 的增加而增加;如果秩相关系数为负,则 Y 随着 X 增加而减小;如果秩相关系数为 0,则表示随着 X 的增加,Y 没有增大或减小的趋势. 当秩相关系数为 1 或者 -1 时,就表明 X 和 Y 之间是严格单调增加或者严格单调减小. 秩相关系数的优势在于即使 X 与 Y 为非线性关系,秩相关系数依然能够通过"秩"这一统计量判断 X 与 Y 的相关关系.

为防止由于实验误差导致相关系数不具有统计学意义,我们需要对相关系数进行显著性检验,原假设 $H_0: X$ 与 Y 相关系数 $r = r_0$,$H_1: r \neq r_0$(r_0 为具体实验值)有

$$T = \dfrac{r - r_0}{\sqrt{(1-r^2)/(n-2)}} \sim t(n-2).$$

若根据数据计算得到的 $t \leq t_{\alpha/2}$,α 为置信水平,则接受原假设,认为 X 与 Y 的相关系数不是来源于实验误差,反之拒绝.

(2)模型的求解

我们从联合国统计局网站获取 1990—2018 年 10 个指标的数据以及世界人口数据,利用统计进行模型求解.

①缺失数据的填充

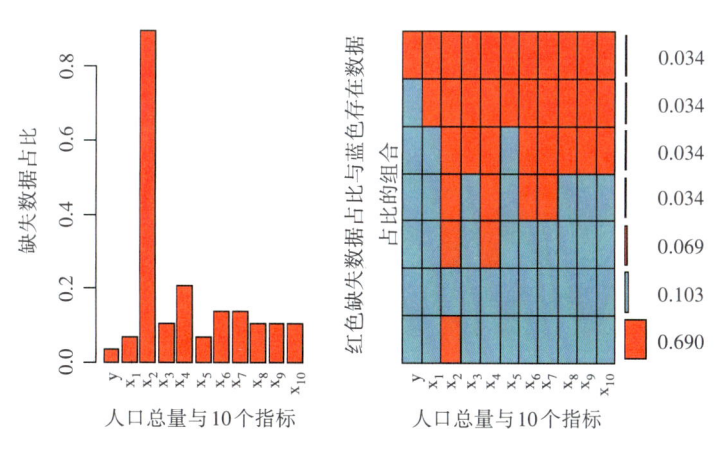

图 3-2-3　人口总量与 10 个指标缺失情况

如图 3-2-3,指标中全球人口总数缺少 3.4% 的数据;农业用地面积、谷物产量缺少 10.3% 的数据;森林面积、能源使用量、能源供应量等 4 个指标缺少 13.8% 的数据,可

再生淡水资源缺失89.6%的数据,情况最为严重,采用均值插补、线性回归插补效果均不好.因此,本文采用基于k个最近邻的缺失值填充算法.算法主要思想根据样本之间的距离确定离具有缺失数据样本最近的k个样本,将这k个值加权平均来估计该样本的缺失数据.

我们对距离矩阵进行可视化,如3-2-4所示.

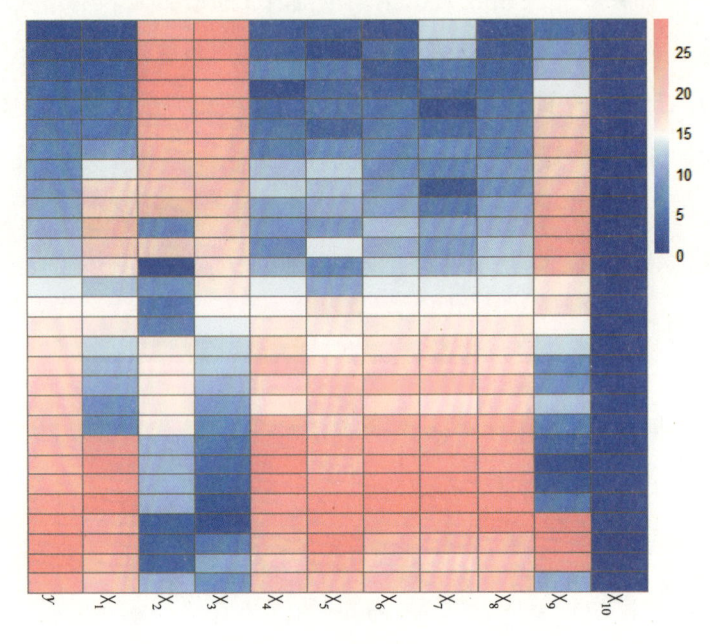

图3-2-4　距离矩阵

如图3-2-4,与第一指标农业用地面积最近的为第2、4、6等6个指标,若其第j个时刻缺失,则取这6个量的第j个时刻的平均值作为插值对缺失数据进行补充,结果如图3-2-5所示(x_2仅三年数据已知,以红色小圆点标注).

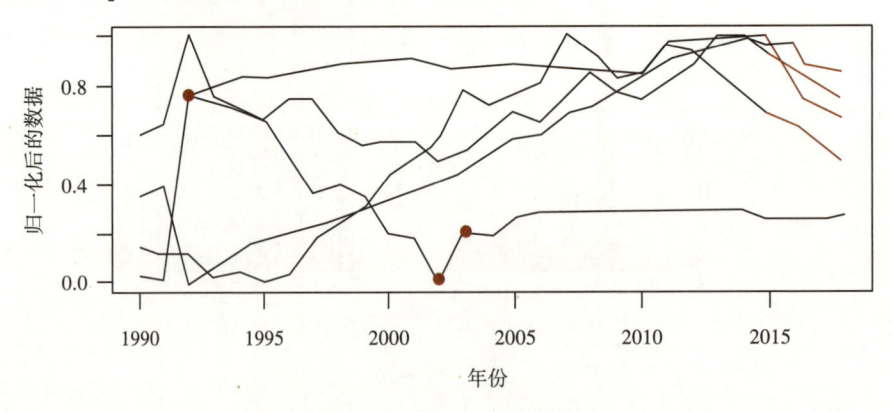

图3-2-5　X_1, X_2, X_6, X_7, X_8填补情况

我们计算得到10个指标及人口总量相互之间的秩相关系数,如图3-2-6所示.我们发现全球人口总数与其他10个指标的秩相关系数中,0.9以上有60%的指标、0.7—0.9有30%的指标,仅替代能源占比与人口总数的相关系数较小,仅为-0.07且不显著.因此,本文对影响地球承载能力的因素集进行修正,剔除替代能源.

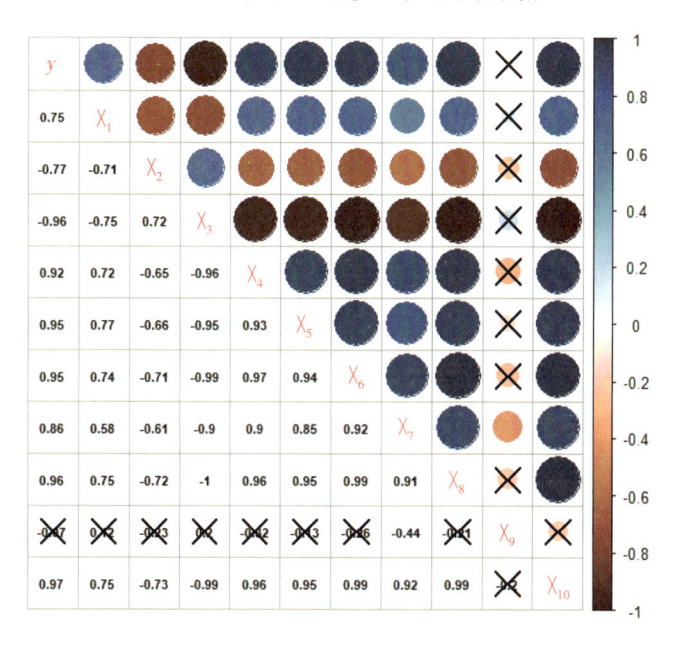

图3-2-6　部分指标与人口总量指标的散点图

综上所述,9个指标与地球对人类生命的承载能力显著相关,具体关系如表3-2-3所示.

表3-2-3　指标与地球承载负荷的关系

正相关	负相关
农业用地面积 温室气体排放量 谷物产量 电力消耗 能源使用量 能源供应量 可再生能源	森林面积 可再生淡水资源

2.问题二——当今条件下地球承载能力的判断

问题二是要确定地球在当今条件和技术下对人类生命的承载能力,而本文是采用世界人口总量来衡量地球对人类的承载负荷,当承载负荷保持较长时间的稳定,我们就认为其达到了一个良性最佳承载负荷,即为地球对人类生命的承载能力.因此,问题二转化为判断地球对人类承载负荷达到平稳状态时的世界人口总量.

我们由问题一的结果知道影响地球对人类生命的因素众多,且因素之间相互影响、制约.因此,单纯地使用机理分析来定量获取各因素与世界人口数之间的关系是不可行的.基于这种情况,我们考虑当今条件下地球承载能力的各影响因素的水平,建立基于承载状态的时间序列模型来解决这一问题.

我们利用世界人口数据的内在数据变化规律,建立人口增长率的时间序列模型,并预测出在未来30年内的世界人口数.然后,结合问题一确定的影响地球对人类承载能力的主要影响因素,定义一个表征地球对人类生命的承载负荷状态的指标(State indicator,SI),利用SI的变化规律来修正时间序列模型的预测结果,并对当今地球对人类生命的承载能力做出判断.

(1)时间序列预测模型

一般的线性时间序列模型是由自回归滑动平均模型,即$ARMA(p,q)$构成,其中最特殊的两种模型是纯自回归$AR(p)$模型和纯滑动平均$MA(q)$模型.值得说明的是,这三种模型均只适用于平稳线性系统的预测,对于非平稳数据,我们采用差分法对数据进行处理,将非平稳序列转化为平稳序列后建立差分自回归移动平均模型$ARIMA(p,d,q)$.

①时间序列的平稳性检验

平稳的时间序列数据在一个常数上下波动并且波动范围是有界限的.如果有明显的趋势或者周期性,那么就是不稳定的.我们利用DF检测来检验时间序列的平稳性,如果得出的P值小于临界值,则认为序列是稳定的,否则,时间序列不平稳,需要利用差分法对数据进行处理.序列$y_t = f(t)$在时间t上的一阶差分定义为:

$$\Delta y_t = y_{t+1} - y_t = f(t+1) - f(t).$$

对一阶差分处理后的时间序列$\{\Delta y_t\}$进行平稳性检验,若序列是平稳的,则直接使用$\{\Delta y_t\}$进行建模.否则,对$\{\Delta y_t\}$再次进行一阶差分处理,直到序列平稳为止.

②时间序列预测模型

时间序列模型需要不断地探究,根据数据的特征不断地尝试与试验,根据AIC信息准则确定最优的模型.

我们根据样本序列的自相关系数 $\{\hat{\rho}_k, 0 < k < n\}$ 与偏相关系数 $\{\hat{\varphi}_k, 0 < k < n\}$ 特征判断是属于 ARMA 模型中的哪一种. 具体的自相关函数公式为:

$$\hat{\rho}_k = \frac{\hat{\gamma}_k}{\hat{\gamma}_0} = \frac{\sum_{t=1}^{n-k}(x_t - \bar{x})(x_{t+k} - \bar{x})}{\sum_{t=1}^{n}(x_t - \bar{x})^2}, 0 < k < n.$$

偏相关函数公式可根据下面式子得到:

$$\hat{\varphi}_k = \frac{\hat{D}_k}{\hat{D}} = \frac{\begin{vmatrix} 1 & \rho_1 & \rho_2 & \cdots & \rho_{k-2} & \rho_1 \\ \rho_1 & 1 & \rho_1 & \cdots & \rho_{k-3} & \rho_2 \\ \vdots & \vdots & \vdots & & \vdots & \vdots \\ \rho_{k-1} & \rho_{k-2} & \rho_{k-3} & \cdots & \rho_1 & \rho_k \end{vmatrix}}{\begin{vmatrix} 1 & \rho_1 & \rho_2 & \cdots & \rho_{k-1} \\ \rho_1 & 1 & \rho_1 & \cdots & \rho_{k-2} \\ \vdots & \vdots & \vdots & & \vdots \\ \rho_{k-1} & \rho_{k-2} & \rho_{k-3} & \cdots & 1 \end{vmatrix}}.$$

若时间序列的 p 阶偏相关系数截尾(几乎变为0), 自相关系数拖尾, 符合 $AR(p)$ 序列特征, 故而选择 $AR(p)$ 模型, 该模型是用过去的值来预测当前的值, 模型表达式为:

$$Y_t = c + \sum_{i=1}^{p}\phi_i Y_{t-i} + \varepsilon_t,$$

其中 ε_t 为随机项, 是独立的白噪声序列, $\varepsilon \sim N(0, \delta^2)$.

若时间序列的 q 阶自相关系数截尾, 偏相关系数拖尾, 符合 $MA(q)$ 序列特征, 此时时间序列 Y_t 存在相当大的延迟, Y_t 可以由残差序列中过去值 ε_t 进行加权平均得到. 故而采用 $MA(q)$ 模型, 具体表达式如下.

$$Y_t = \varepsilon_t + \sum_{i=1}^{q}\theta_i \varepsilon_{t-i}.$$

若自相关系数与偏相关系数均未出现截尾现象, 则表明时间序列 Y_t 既与过去的值有关, 又有一定程度的延迟, 我们考虑包含了 q 个移动平均项与 p 个自回归项的 $ARMA(p, q)$, 表达式如下:

$$Y_t = \mu_t + \sum_{i=1}^{p}\phi_i Y_{t-i} + \sum_{i=1}^{q}\theta_i \varepsilon_{t-i}.$$

综上所述, 对于平稳的时间序列数据, 其自相关与偏自相关函数的特点归纳如表 3-2-4 所示.

表3-2-4 自相关与偏自相关函数的特点归纳表

时间序列模型	$AR(p)$	$MA(q)$	$ARMA(p, q)$
自相关系数	拖尾	q阶截尾	拖尾
偏相关系数	p阶截尾	拖尾	拖尾

(2)时间序列预测模型的求解

我们收集1960—2018年的世界人口数据,计算人口增长率序列$Y_t = \{y_1, y_2, \cdots, y_n\}$. 利用数据的内在规律建立人口增长率的预测时间序列模型,并预测出未来20年的世界人口.作出人口增长率的时间序列图,如图3-2-7所示.

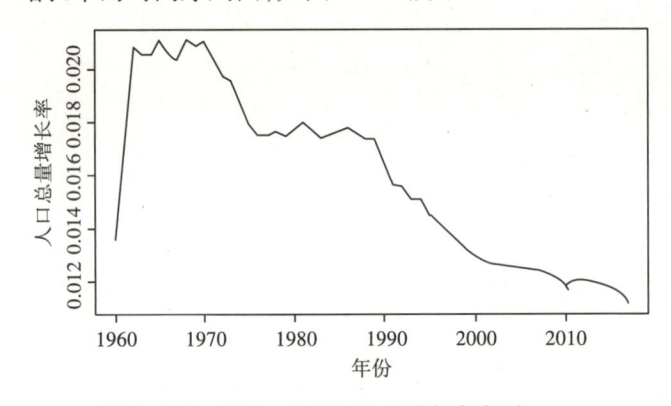

图3-2-7 1961—2018年人口增长率序列

对数据进行单位根检验,P值=0.4>0.05,即接受原假设,认为原序列是非平稳的,我们通过二阶差分对数据进行平稳化处理,得到P值=0.01<0.05,即拒绝原假设,即人口增长率序列二阶差分序列是平稳的,如图3-2-8所示.

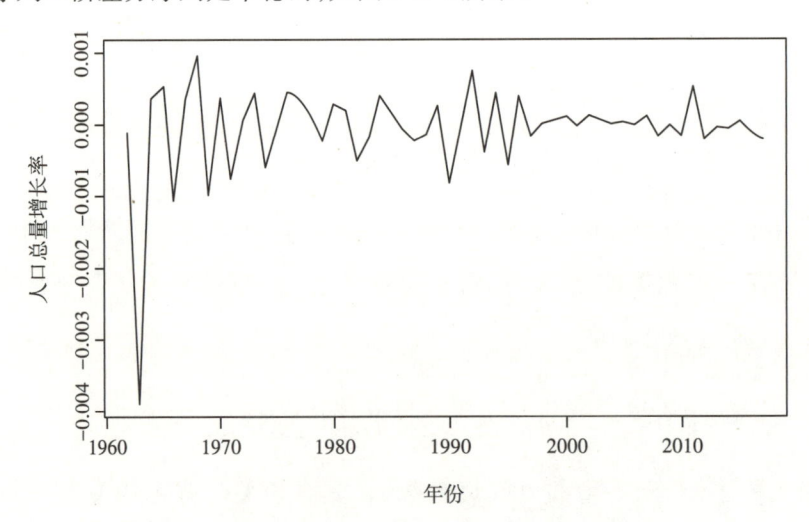

图3-2-8 1962—2018年人口增长率的二阶差分序列

我们作出自相关与偏自相关图,如图3-2-9所示.可以发现

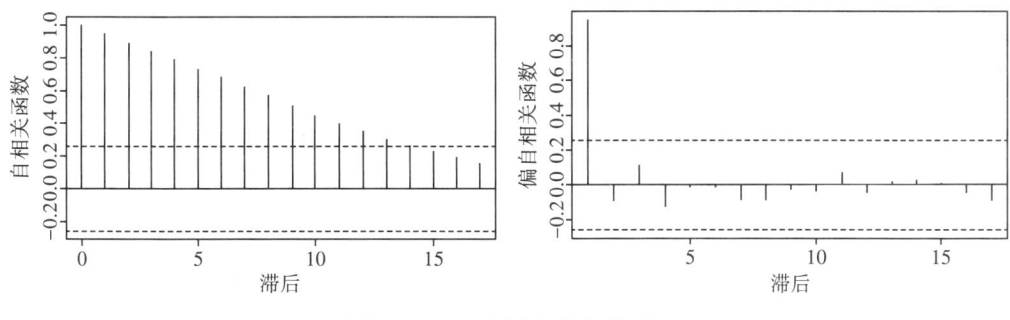

图3-2-9 自相关与偏自相关图

我们发现,自相关图呈拖尾状态,而偏自相关图呈截尾状态,初步拟定为 AR 模型,并通过一步截尾判断为 AR(2) 模型,同时我们选取 AR(2)、ARMA(1,1) 与 ARMA(2,1) 进行拟合,选取 AIC 值最小的 AR(2) 模型(AIC=-670)作为时间序列预测模型.得到估计模型

$$\hat{Y}_t = \hat{c} + \hat{\phi}_1 \hat{Y}_{t-1},$$

其中 $\hat{\phi}_1 = 0.13, \hat{c} = -0.19.$

接下来对模型进行检验,我们通过画出残差的 QQ 图即可判断残差序列基本符合正态性假设如图 3-2-10 所示.同时对残差进行白噪声检验,其 P 值=0.01<0.05,即拒绝原假设,认为残差是白噪声序列.认为模型效果较好,并根据拟合模型,我们得到二阶差分序列未来20年的数据,如图3-2-11所示.

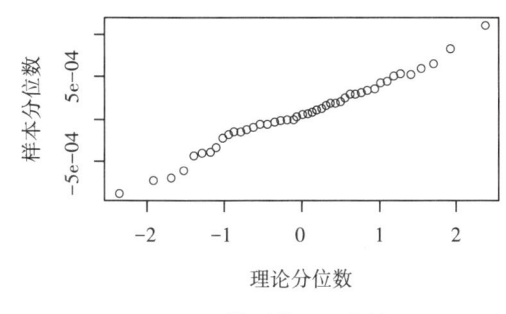

图 3-2-10 模型效果正态性 QQ 图 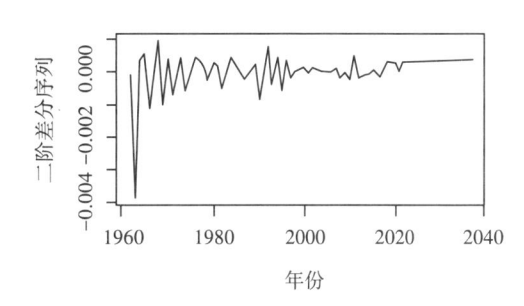　　图 3-2-11 预测 20 年的二阶差分序列数据

我们将其还原,得到未来20年全球人口增长率,如图3-2-12所示.

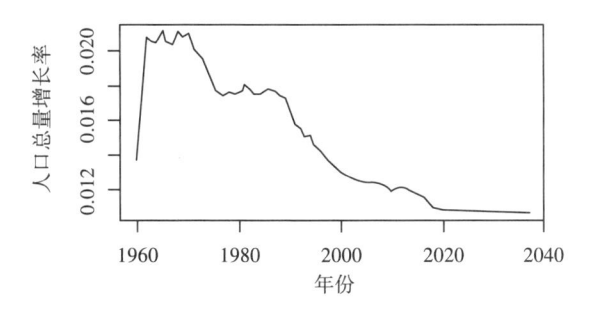

图 3-2-12 预测 20 年的增长率数据

(3)修正模型

我们要再次声明的一点是,本文是用时间人口数量来表征地球对人类的承载负荷,而问题二是确定当今地球对人类生命的承载能力.

用时间序列建立的世界人口预测模型忽略了制约世界人口的因素,仅使用了数据的内在规律,而近年来,世界人口数据不断上升,甚至"透支"着地球资源,若单纯地使用时间序列预测人口,可能使得预测结果与真实情况存在较大的误差.

对此,我们在对预测模型进行修正时,将问题落脚点回到计算地球承载负荷上.我们利用一种综合评价方法——因子分析法,综合考虑影响世界人口数量的制约因素来定义地球对人类承载负荷的状态指标 SI 来修正时间序列模型的预测结果,并对当前地球对人类的承载能力做出判断.

① 修正模型的建立

因子分析是考察多个变量间相关性的一种多元统计方法,它通过提取少数几个主因子,综合多个变量的信息,并对综合指标所蕴藏的信息给出恰当解释.

需要说明的是,因子分析法计算的综合因子得分表征的是一种状态,没有具体的物理意义.得分高,表明此刻世界人口承载负荷强,得分低,则表明承载负荷弱.

根据问题一的结果,我们知道农业用地面积、可再生淡水资源总量、森林面积、有害气体排放量、谷物产量、电力消耗、能源供需关系、可再生能源等因素是影响地球对人类的承载负荷的主要因素.因此,我们在定义 SI 指标时仍然采用问题一中的影响因素集.主要包括以下5个步骤:(1)对统计数据进行量纲归一化处理,得到可计算数据;(2)运用 SPSS 计算出各指标的相关系数矩阵;(3)计算 KMO 和 Bartlett 值检验原始数据;(4)计算特征值、方差贡献率及累计贡献率确定主因子个数;(5)计算各主因子得分并求出综合得分.

其中,数据归一化处理与相关系数矩阵计算均在问题一中已经完成,因子得分与综合得分具体计算方法如下:

解特征方程 $|\lambda I - R| = 0$,计算相关系数矩阵 R 的 p 个特征根 $\lambda_1 \geq \lambda_2 \geq \cdots \geq \lambda_p \geq 0$,以及对应的特征向量 $z_1, z_2, \cdots, z_p$,其中 $Z_j = [z_{1j}, z_{2j}, \cdots, z_{pj}]^T$,初等载荷矩阵 Δ_1,

$$\Delta_1 = [\sqrt{\lambda_1} z_1, \sqrt{\lambda_2} z_2, \cdots, \sqrt{\lambda_p} z_p].$$

根据初等载荷矩阵,计算各公共因子的方差贡献率 g_i,

$$g_i = \frac{\lambda_i}{\sum_{i=1}^{p} \lambda_i}.$$

选择 h 个主因子，对提取的因子载荷矩阵进行方差极大旋转，得到矩阵 Δ_2，

$$\Delta_2 = \Delta_1^{(h)} T,$$

其中 $\Delta_1^{(h)}$ 为 Δ_1 的前 h 列，T 为一个正交矩阵，构造因子模型

$$\begin{cases} u_1 = \alpha_{11}F_1 + \cdots + \alpha_{1h}F_h \\ \quad\quad\quad\quad\quad \vdots \\ u_m = \alpha_{m1}F_1 + \cdots + \alpha_{mh}F_h \end{cases}.$$

用回归方法求得单个因子得分函数

$$\hat{F}_j = \beta_{j1}u_1 + \cdots + \beta_{jm}u_m, j = 1, 2, \cdots, h.$$

记第 i 个样本对第 j 个因子 F_j 得分的估计值

$$F_{ij} = \beta_{j1}\tilde{\alpha}_{i1} + \cdots + \beta_{jm}\tilde{\alpha}_{im}, i = 1, 2, \cdots, n, j = 1, 2, \cdots, h.$$

从而

$$\begin{bmatrix} \beta_{11} & \cdots & \beta_{h1} \\ \vdots & & \vdots \\ \beta_{1m} & \cdots & \beta_{hm} \end{bmatrix} = R^{-1}\Delta_2,$$

且

$$\hat{F} = (\hat{F}_{ij})_{n \times h} = XR^{-1}\Delta_2,$$

其中 $U = (u_{ij})_{n \times m}$ 是原始数据的标准化数据矩阵.

最后利用方差贡献率 g_i 与各因子得分 F_j 计算的综合因子得分即为状态指标 SI，

$$SI = \sum_{i=1}^{m} g_i F_i.$$

②修正模型的求解

我们再利用问题一中的数据集进行模型求解，计算 KMO 和 Bartlett 值，以检验数据是否能够用来作因子分析，如表 3-2-5 所示.

表 3-2-5　因子分析适用性检验

KMO 和 Bartlett 的检验		
取样足够度的 Kaiser-Meyer-Olkin 度量		0.79
Bartlett 的球形度检验	近似卡方	574
	df	36
	Sig.	0.000

KMO 值大于 0.5，Bartlett 的球形度检验的 Sig. 值为 0.000，表明因子有显著的相关性，具有进行因子分析的条件.

表 3-2-6　特征值、方差贡献率及累计贡献率

系统	成分	特征值	方差贡献率%	累计贡献率%
地球对人类生命的承载能力	1	5.33	0.592	59.2
	2	1.84	0.208	80
	3	1.58	0.18	97

由表 3-2-6 可知,成分 1 特征值为 5.33,远大于 1,当提取 3 个主成分时,方差贡献率为 97%,表明我们抽取的主因子较好地解释了 9 个指标.故我们提取 3 个公共因子.从而求得因子得分计算式

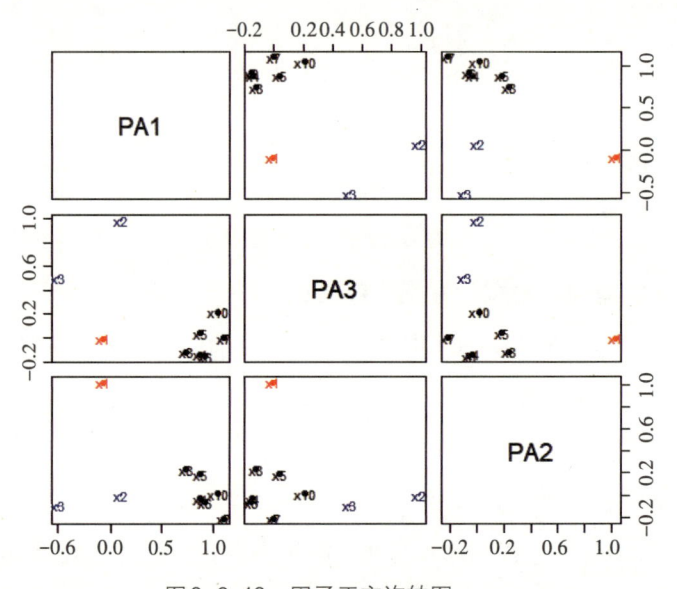

$$\hat{F}_1 = 0.22\hat{x}_1 - 0.3\hat{x}_2 - 0.39\hat{x}_3 + 0.38\hat{x}_4 + 0.37\hat{x}_5 + 0.89\hat{x}_6 + 0.95\hat{x}_7 + 0.80\hat{x}_8 + 0.92\hat{x}_{10},$$

$$\hat{F}_2 = 0.27\hat{x}_1 - 0.9\hat{x}_2 - 0.58\hat{x}_3 + 0.87\hat{x}_4 + 0.29\hat{x}_5 + 0.39\hat{x}_6 + 0.28\hat{x}_7 + 0.4\hat{x}_8 + 0.1\hat{x}_{10},$$

$$\hat{F}_3 = 0.93\hat{x}_1 - 0.29\hat{x}_2 - 0.71\hat{x}_3 + 0.23\hat{x}_4 + 0.86_5 + 0.22\hat{x}_6 + 0.07\hat{x}_7 + 0.43\hat{x}_8 + 0.19\hat{x}_{10}.$$

图 3-2-13　因子正交旋转图

由载荷矩阵知道,电力消耗、能源使用量、能源供应量、可再生能源之间具有较大的相似性,是公共因子 1 的主要影响因素,可再生淡水资源、温室气体总排放量是公共因子 2 的主要影响因素,农业用地面积、森林面积、谷物产量是公共因子 3 的主要影响因素.我们依次称这 3 个公共因子为能源因子 F_1、污染因子 F_2、食物因子 F_3.得到状态指标 SI 计算式

$$SI = 0.592F_1 + 0.208F_2 + 0.18F_3.$$

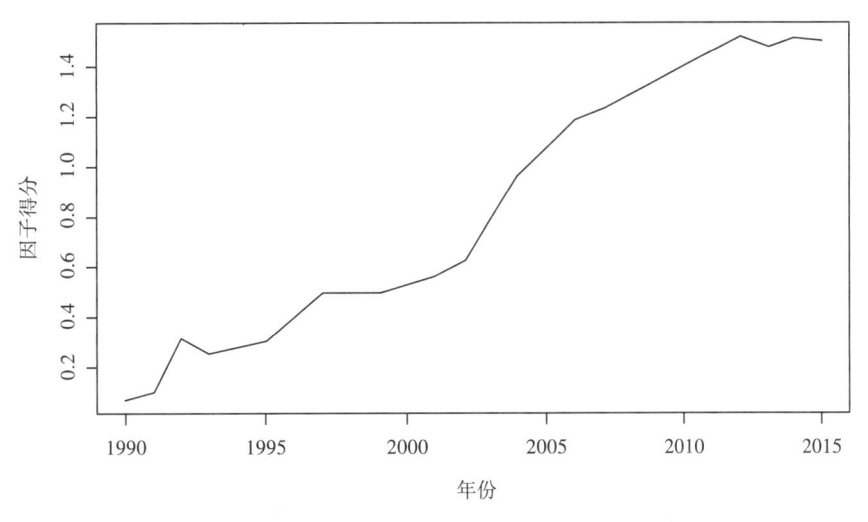

图 3-2-14　地球对人类承载的综合状态得分

从图 3-2-14 可以看出,随着时间的变化,地球对人类承载状态得分在 1990 年到 2015 年之间一直保持上升趋势,这个趋势在 1990—2001 年间较为缓慢,在 2002 年至 2007 年间增长较快,2008—2011 年之后上升速度减慢,直到 2011—2015 年几乎趋于平稳.这表明在过去的近 30 年间,地球对人类承载状态一直在增长,而增长速度经历了一个由快到慢,最后趋于平稳的变化过程.

(4)基于承载状态的预测模型修正与判断

我们计算近 30 年来,地球对人类承载状况综合得分的变化系数

$$k_i = \frac{SI_i - SI_{i-1}}{SI_{i-1}}.$$

据此,我们利用地球承载状态得分的变化系数来修正世界人口增长率 y,

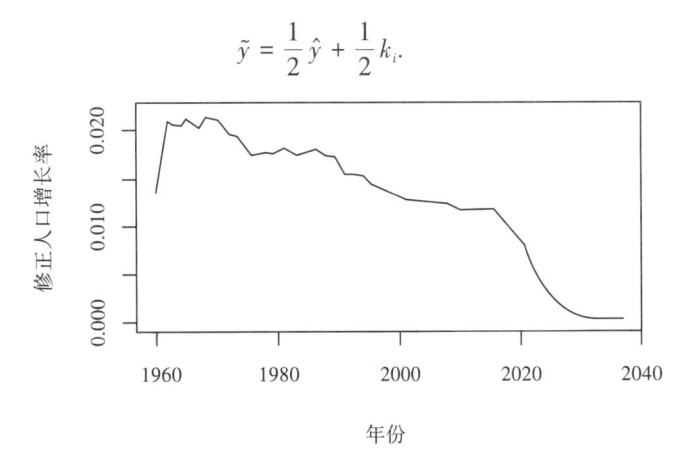

$$\tilde{y} = \frac{1}{2}\hat{y} + \frac{1}{2}k_i.$$

图 3-2-15　修正后的人口增长率

作出修正后的世界人口增长率折线图(图3-2-15),我们发现到2040时世界人口的增长率几乎降为0,直接使用时间序列预测时,2040年的预测世界人口为9423380114≈94亿,修正之后认为2040年的世界人口为8603167961≈86亿.

值得强调的是,在计算地球对人类承载状况综合得分时,我们仅收集到2018年的数据,对于未来的地球资源数据无法获取.因此,在利用状态得分对未来世界人口数进行修正时,我们所得到的结果,仅仅是依托当今的条件、技术与资源水平进行的.至此,我们认为此时的世界人口8603167961≈86亿为当今条件下地球对人类的极限承载负荷,即为地球对人类生命的承载能力.

3.问题三——提高地球对人类生命的承载能力的措施

(1)模型的建立

在问题二中,我们定义的地球对人类生命承载负荷的状态指标 SI 由能源因子 F_1、污染因子 F_2、食物因子 F_3 决定.其中能源因子对状态指标得分的影响最大,为60.41%,污染因子影响为21.22%,食物因子的影响为18.37%.我们作出三个主因子得分的折线图,如图3-2-16所示.

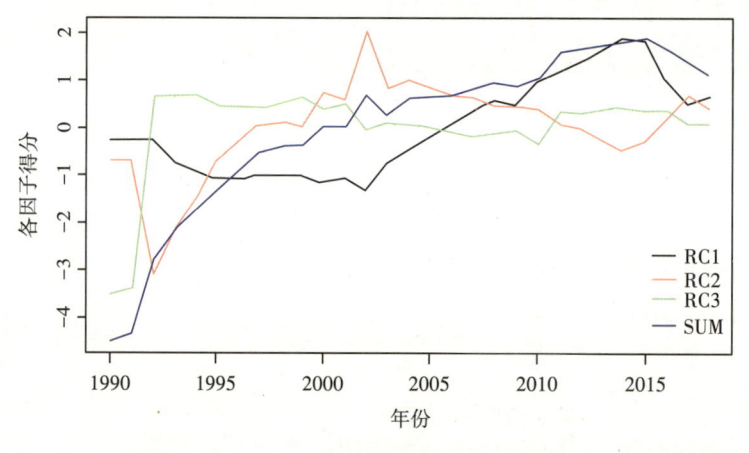

图3-2-16　三个主因子得分的折线图

我们发现,影响最大的能源因子得分在1992—2002年间一直呈现缓慢的下降趋势,在2003年后一直保持较快的增长,但综合来看,地球的能源状态这30年间一直保持一个较高的水平.而污染因子为负因子,在1991年时大幅度负向增大,污染状态降低,此后一直处于快速正向增长状态,但在2002年达到峰值后,直到2015年都一直呈现一个缓慢的下降状态,但近两年又有所上升,污染加剧.而食物因子得分在1992年陡增,此后一直保持一个较为高水平的平稳波动.

综上，目前地球的能源状态保持着有利的正向变化趋势，食物状态较为稳定，而环境污染状态越来越严重，若未来一直维持这种趋势，要提高地球对人类生命承载能力，从环境治理方面入手是最有效的．

结合问题二的结果，我们知道可再生淡水资源、温室气体排放是影响污染因子的主要影响因素．且可再生淡水资源与污染因子呈现负相关，温室气体排放量与污染因子呈现正相关，我们结合因子分析结果，定义污染治理收益系数

$$l = \frac{\Delta F_2}{S_{F_2}} \times 0.2122 - d\left(\frac{\Delta F_1}{S_{F_1}} \times 0.6041 + \frac{\Delta F_3}{S_{F_3}} \times 0.1837\right)$$

其中，ΔF_i 为指标改变一个单位时各主因子的变动量，S_F 为此时该主因子所有系数的变动量，d 为控制系数，代表在治理环境时，对能源、食物资源的保护力度，系数越小保护力度越大．

若污染治理收益系数大于0，则表明所采取的措施能有效提高地球对人类的承载能力．

(2)模型求解

我们作出地球各个因素在3个成分上的载荷矩阵表如表3-2-7所示．

表3-2-7　旋转成分矩阵

因素指标	成分		
	1	2	3
农用地面积	0.22	0.27	0.93
可再生淡水资源	−0.30	−0.90	−0.29
森林面积	−0.39	−0.58	−0.71
温室气体排放量	0.38	0.87	0.23
谷物产量	0.37	0.29	0.86
电力消耗	0.89	0.39	0.22
能源使用量	0.95	0.28	0.07
能源供应量	0.80	0.40	0.43
替代能源	0.92	0.10	0.19

表3-2-7表明，每增加1个单位的可再生淡水资源，此时污染因子减少0.9个单位，能源因子减少0.3个单位，食物因子减少0.29个单位；每减少一个单位的温室气体排放，此时污染因子减少0.87个单位，能源因子减少0.38个单位，食物因子减少0.23个单位．同时计算 S_{F_1}，S_{F_2} 以及 S_{F_3} 分别为3.84，1.12，1.93．据此分别计算可再生淡水资源以及温室气体排放的污染治理收益系数．

当 $d = 1$ 时，即在治理污染时，对能源与食物资源不加关注，此时可再生淡水资源

的污染治理收益系数 $l_1 = 0.09632658$，温室气体排放的污染治理收益系数 $l_2 = 0.08392988$.

当 $d = 0.5$ 时，可再生淡水资源的污染治理收益系数 $l_1 = 0.1610248$，温室气体排放的污染治理收益系数 $l_2 = 0.1462736$.

所计算出的污染治理收益均大于0，且淡水资源的污染治理收益系数大于温室气体排放.据此，我们提出具体的防止淡水资源污染与减少温室气体排放举措，以提高地球对人类生活的承载能力.

防止淡水资源污染的措施包括：

①建立水源地保护区.通过划定水源保护区，限制人类活动对水源的直接污染，保护水源地的生态环境.

②限制污染物排放.制定和实施严格的环保法规，限制工业、农业和生活污水向水体的排放，对污水进行净化处理，确保水质达到标准后再排放.

③保护农业生态环境.采用科学合理的农业管理措施，减少农药、化肥的使用，发展有机农业，保护土壤和地下水不受污染.

④推广清洁生产技术.在工业生产过程中，采用清洁生产技术，减少污水排放，提高废水处理效率.

⑤加强水资源管理.建立完善的水资源管理制度，合理配置水资源，确保水资源的公平使用，防止浪费和污染.

⑥促进水资源的再利用.通过收集和处理污水、雨水和其他废水，使其达到一定标准后再次利用，可以减少对新鲜水资源的需求，同时减轻对环境的压力.

⑦增强公众环保意识.通过宣传教育、公益广告等方式，提高公众的环保意识和环保行动，形成全社会共同参与水资源保护的格局.

减少温室气体排放的措施包括：

①推广清洁能源.加强太阳能、风能、水能等清洁能源的推广应用，减少使用化石燃料，从而降低温室气体的排放.

②提高能源效率.通过调整产业结构、使用新型能源、过程消减和末端治理等手段，提高能源的利用率，减少能源消耗，从而降低温室气体的排放.

③植树造林.积极开展植树造林等环保活动，增加森林面积，促进碳的吸收，从而降低温室气体的排放.

④采用低碳生产技术.在工业生产过程中，采用低碳生产技术，减少温室气体的排

放,例如采用余热回收等技术.

⑤推动绿色出行.鼓励使用公共交通工具、步行和骑自行车等方式出行,从而减少交通领域的温室气体排放.

⑥加大环保宣传力度.通过宣传教育、公益广告等方式,提高公众的环保意识和环保行动,从而促进社会各界共同参与温室气体排放的防治工作.

六、模型的评价与推广

1. 模型优点

(1)相关性分析选用秩相关系数.我们通过描述分析发现全球人口数量与指标集大都呈非线性关系,因此秩相关系数相较皮尔逊相关系数更适合我们的模型,结果中有60%的指标相关性达到0.9以上,30%的指标相关性在0.7-0.9,表明我们选取的指标是影响地球承载能力至关重要的因素.

(2)利用地球承载能力影响指标修正时间序列预测结果.若仅用时间序列预测世界人口太过粗糙,我们将影响人口数量的因素综合为一个指标,利用它的值对时间序列预测结果进行修正,使得预测更为合理准确.

2. 模型缺点

(1)由于数据收集的困难性,导致我们选取收集到的淡水资源指标缺失严重,这部分遗漏的指标对地球对人类生命的承载能力的影响不可估计.

(2)模型假设近年来地球承载能力未发生变化,并没考虑到短时间的波动对模型结果产生的影响.

3.3 学生习作三

一、背景与问题阐述

死亡率是常规卫生系统评估的关键性指标.从直观上来讲,我们关注一所医院的医疗质量,其中最为直观的衡量标准也就是其治疗死亡率.然而,死亡率的计算不仅与医院本身的服务质量息息相关,也与病患本人的基本状况关系密切.因此可避免死亡的概念也就应运而生。1976年,Rutstein以及其研究团队首次提出了"医学可避免死亡"的概念。鉴于死亡率的局限性,我们认为可避免死亡率更有说服力.那么,我们如何判断什么是可避免死亡,什么是不可避免死亡呢?Mackenbach1990年的研究认为,关于可避免死亡疾病选择的差异是基于作者对可避免死亡的理解、死亡数据的可获得性以及该国家某种疾病死亡的频率.另外,患者自身的内在或外在的因素都会对其是否会死亡具有比较大的影响,在判断某病患是否为可避免死亡时要将其考虑在内.由上述问题背景,提出以下问题.

问题一:制定一种使用死亡率来衡量医院医疗质量的模型.

引入可避免死亡的概念,在大样本条件下,已知某特定区域、特定时间段内的病患资料来判断该地区的可避免死亡数,进而计算出各个医院的可避免死亡率来衡量其医疗质量.

问题二:制定一种模型,除死亡率外,结合其他因素来综合衡量医院的医疗质量.

医院的医疗质量是一个抽象的概念,因此对其研究首先要确定衡量其质量的影响指标,并逐层量化,形成一个医疗质量的评价指标体系,并利用其来评价各个医院的医疗质量.

问题三:除了在报告中提供的数学分析之外,还要包含两页"用户友好"备忘录,可供一个没有太多数学专业知识或计算能力的人用来选择医院.

二、问题分析

对于问题一,要求制定一种使用死亡率来衡量医院质量的模型.我们首先需要判断出该病患的死亡是否是可避免的,进而计算出可避免死亡率.经过分析,我们将某病患的性别、年龄、经济状况、住院时间、并发症数目、预估存活概率作为判断其是否为可避免死亡的特征属性.基于无监督算法的思想,利用EM算法求解死亡总体与未死亡总体的模型分布参数,采用贝叶斯公式计算样本死亡的后验概率,据此判断其死亡是否是可避免的.进而计算出每个医院的可避免死亡率,以其作为我们衡量其医疗质量的标准.

对于问题二,要求制定一种模型,除死亡率外,结合其他因素来综合衡量医院的医疗质量.首先医疗服务质量是一个较为抽象的概念,为此我们将其逐层分解量化为医院所包含的特定指标,采用组合评价的思想来评价医院的医疗服务质量.经过分析,我们将医院配备状况、医院职能效率及患者治疗效果三个方面作为衡量医院医疗服务质量的主要标准,通过进一步量化,形成一套完整的医疗服务质量的评价指标体系.进而基于TOPSIS、RSR、综合指数法、密切值法,利用组合评价的思想计算各个医院的医疗服务质量得分,并进行综合比较.

对于问题三,要求编写一项用户备忘,以提供给没有太多的数学专业知识或计算能力的人来选择医院.结合问题一、二的讨论,我们以简洁的语言来解释上文所得的结论,以供参考.

三、模型假设与符号说明

1.模型假设

在建立正式模型之前,为了有效简化和理解问题,我们做了如下假设.

①假设我们的研究是基于某一特定区域、特定时间的大样本数据下进行的.

②假设我们研究的病患仅限于ICU病人,但不包括新生儿和生产中的孕妇等需要特殊考量的病人.

③假设我们研究的病患年龄在1岁以上.

④我们在计算可避免死亡率时,不考虑早期死亡和后期死亡的区别.

⑤假设我们收集的每一样本之间是相互独立的,各个指标也是高度不相关的.

2.符号说明

表3-3-1

变量符号	含义说明
m	区域内医院数目
n_m	第m家医院ICU病人数量
X_i	第i个患者的观测数据
Y_i	是否死亡的标签变量
A_i	第i个患者的性别
B_i	第i个患者的年龄
C_i	第i个患者的紧急状况
D_i	第i个患者的住院时间
E_i	第i个患者的并发症数目
F_i	第i个患者的预估存活率
α_k	第k类总体死亡先验概率
β_k	第k类总体男性的概率
γ_k	第k类总体能支付起费用的概率
μ_k	第k类总体高斯分布的均值量
Σ_k	第k类总体高斯分布的协方差
λ_k	第k类总体出现并发症数目的均值
θ	模型分布的参数向量
$f(.|y_{ik}=1;\theta)$	条件概率分布函数
$\ell(\theta|X;Y)$	对数似然函数
$\hat{y}_{jk}$	y的估计
$\hat{P}(Y_i=1)$	第i个患者会死亡的概率
$\hat{y}_{ik}^{(m)}$	第m次迭代y_{ik}的估计
$\hat{\mu}_k^{(m)}$	第m次迭代μ_k的估计
$\hat{\Sigma}_k^{(m)}$	第m次迭代Σ_k的估计
$\hat{\lambda}_k^{(m)}$	第m次迭代λ_k的估计
$\hat{\beta}_k^{(m)}$	第m次迭代β_k的估计
$\hat{\gamma}_k^{(m)}$	第m次迭代γ_k的估计
$\hat{a}_k^{(m)}$	第m次迭代α_k的估计
AMR	可避免死亡概率
ρ_{kl}	k种和第l种评价方法的Spearman等级相关系数
R_{ij}	第i所医院第j种评价方法的得分
μ_{ij}	第i所医院在第j种评价方法下属于"优"的隶属度
p_{ih}	第i所医院排h位时的模糊频数
δ_{ih}^j	第i所医院第j种方法下隶属度的示性函数

续表

变量符号	含义说明
w_{ih}	第i所医院排h位时的模糊频率
Q_{ih}	第i所医院排在h位的得分
B_i	第i所医院的模糊Borda得分
S	第i所医院的得分方差
W	Kendall协调系数

四、问题一：基于EM算法的病患识别与可避免死亡率的计算

1.指标设计

在医学领域，1976年，Rutstein首次提出了"可避免死亡"的概念，并认为如果建立了有效的医疗服务系统，则能够避免那些不必要的或过早的死亡，因此我们选用"可避免死亡"的概念来衡量该医院的医疗服务质量.但同时根据Mackenbach 1990年的研究，是否可避免死亡从本质上讲与患者本身的身体机能存在显著的相关关系，同时还包含一些其他的社会因素.

我们认为在评判某位患者是否可避免死亡时，主要通过该患者在相应特征下死亡的可能性来确定.显然其死亡的可能性非常高时，我们有较大把握认为他的死亡是难以避免的，反之则是可避免的.通过查阅相关文献，我们将某病患的性别、年龄、经济状况、住院时间、并发症数目、预估存活概率作为判断其是否为可避免死亡的特征属性.

在大样本条件下，假设我们已经收集到该区域内m所医院的ICU病人记录，从病人记录里我们能清洗出我们所需要的指标，具体介绍如下.

性别：患者性别，分类变量，取值男、女.近半个多世纪以来，世界上大多数国家的人口数据都显示男性死亡水平普遍高于女性.从大量的研究文献可以大致概括出两种观点，其中一种生物学观点认为，人类遗传因素决定了平均寿命的性别差异.因此在研究死亡的可能性时，我们也引入这一指标，关注其在性别上表现出的不同.

年龄：患者年龄，数值变量，取值$1\sim\infty$（理论上）.常识上而言，随着年龄的增长，身体机能的变化是非常显著的.相关报道显示，大于65岁的患者死亡率是小于此年龄患者死亡率的3倍.因此，年龄增加是发生死亡的独立危险因素.所以，我们引入年龄这一指标，来考量其对死亡可能性的影响.

经济状况:患者能否支付全部治疗费用,逻辑变量,取值0,1.在现实生活中,我们经常听闻很多由于费用的缺乏而不得不选择放弃治疗以至于最终死亡的事例,不得不说经济状况在一定程度上也对该患者的死亡存在不可忽视的影响.

住院时间:患者在ICU的住院时间,数值变量,取值$1 \sim \infty$(理论上).通常情况下,患者住院时间的长短反映了病情的严重程度及恢复过程等情况.对在ICU住院早期的死亡率的相关研究指出,早期死亡患者住进ICU的时间明显早于后期死亡患者住进ICU的时间.因此我们引入患者的住院时间这一指标来衡量其死亡可能性.

并发症数目:患者除去主要病症外的其他病症数目,数值变量,取值$1 \sim \infty$(理论上).根据对冠心病病患死亡率的相关研究发现,并发症的出现及其数目与死亡的风险呈现出显著的正相关关系.因此,我们在研究中关注出现并发症的数目对死亡可能性的影响.

预估存活概率:患者在进行正式治疗前由主治医生给出的估计存活概率,数值变量,取值$0 \sim 1$.我们知道在手术前,主治医生通常会根据该患者的所有机能指标来判断其术后的存活概率,这一指标在一定程度上也代表了该患者的死亡可能性.

是否死亡:患者最终是否死亡,逻辑变量,取值0,1.这将作为我们的标签变量.

2.基于EM算法的病患识别

假设该区域有m所医院,每所医院记录有n_m名ICU患者,其中$n = \sum_{i=1}^{m} n_i$,也即是共计n个观测.这n个观测$(X_1, X_2, \cdots, X_n)$相互独立,对于每一个观测都含有一个潜在的变量Y_i来标示其是否死亡,记为

$$Y_i = \begin{cases} 0, & \text{第}i\text{个观测未死亡}, \\ 1, & \text{第}i\text{个观测死亡}. \end{cases}$$

Y_i与Y_j两两独立,定义Y_i的先验分布为$P(Y_i = k) = \alpha_k (k = 0,1)$,且$\alpha_0 + \alpha_1 = 1$,$\alpha_1$就代表该观测患者死亡的概率.引入隐变量$y_{ik} = I(Y_i = k)$,那么对于第$i$个观测数据$X_i$都会存在一个向量变量$Y_i = \{y_{i1}, y_{i2}\}$与之对应,那么有

$$P(Y_i) = \prod_{k=0}^{1} \alpha_k y_{ik}.$$

记观测数据$X_i = (A_i, B_i, C_i, D_i, E_i, F_i)$,$A$—$F$代表上文所提出的六个指标,分别是性别、年龄、经济状况、住院时间、并发症数目、预估存活概率.在给定第i个观测的标签属性下,即已知$Y_i = k$,对于分类变量A_i和C_i假设其服从二项分布,对于连续变

量 B_i、D_i 和 F_i 假设其服从正态分布，E_i 服从泊松分布．由于各指标间也是相互独立的，因此对于 $Z_i = (B_i, C_i, D_i, E_i)$ 服从高斯分布，从中心极限定理的角度上看，高斯分布的假设是比较合理的．

因为观测数据来自哪个混合模型分量是相互独立的，而 α_k 即是其来自第 k 个模型分量的概率，对于观测数据 $X_i = (A_i, B_i, C_i, D_i, E_i, F_i)$，记 $f(.|y_{ik}=1;\theta) = f(.|\theta)$，其中 $\theta = (\alpha_1, \beta_0, \beta_1, \gamma_0, \gamma_1, \mu_0, \sum_0, \mu_1, \sum_1, \lambda_1, \lambda_1)$．在给定 X_i 是哪个模型分量生成的条件下，它的概率密度函数可以表示为

$$f_k(X_i|\theta) = \beta_k^{I(A_i=1)}(1-\beta_k)^{I(A_i=0)}\gamma_k^{I(C_i=1)}(1-\gamma_k)^{I(C_i=0)}\frac{\lambda_k^{D_i}}{D_i!}e^{-\lambda_k}N(Z_i|\mu_k,\Sigma_k).$$

由于观测数据来源于混合模型的哪个样本总体这一事件之间是相互独立的，每一个观测数据之间也是相互独立的，结合 Y_j 的先验分布，可以得到所有观测数据的完全数据似然函数为

$$f(Y|X;\theta) = \prod_{i=1}^{n}\prod_{k=0}^{1}\alpha_k f_k(Z_i|\theta)^{y_{ik}}.$$

取对数，得到对数似然函数为

$$l(\theta|X;Y) = \sum_{i=1}^{n}\sum_{k=0}^{1}y_{ik}[\ln\alpha_k + I(A_i=1)\ln\beta_k + I(A_i=0)\ln(1-\beta_k) +$$
$$I(C_i=1)\ln\gamma_k + I(C_i=0)\ln(1-\gamma_k) - \lambda_k + D_i\ln(\lambda_k) + \ln N(Z_i|\mu_k,\Sigma_k)].$$

将上式中的 $\ln N(X_j|\alpha_k,\Sigma_k)$ 根据高斯分布向量形式的密度函数的表达形式展开，得

$$\ln N(Z_i|\mu_k,\sum_k)\frac{C}{2}\ln(2\pi) - \frac{1}{2}\ln|\sum_k|\frac{1}{2}(Z_i-\mu_k)^T - \frac{1}{2}(Z_i-\mu_k)^T\sum_k^{-1}(Z_i-\mu_k).$$

由于 Y_i 是潜在变量，是无法通过直接观测得到的，对于不完全数据的参数估计，通常采用 EM 算法，对未知参数随机给定初值 $\hat{\theta}^{(0)}$，不断迭代以下步骤．

E 步：通过当前已知的参数取值得到隐变量的估计公式，根据矩估计的定义也就是对隐变量求期望，即

$$\hat{y}_{jk} = E\{y_{jk}|X;\theta\}.$$

$$\hat{y}_{ik}^{(m)} = E\{y_{ik}|X_i;\hat{\theta}^{(m-1)}\} = P(y_{ik}=1|X_i;\hat{\theta}^{(m-1)}) = \frac{\hat{a}_k^{(m-1)}f_k(X_i|\hat{\theta}^{(m-1)})}{\sum_{k=0}^{1}\hat{a}_k^{(m-1)}f_k(X_i|\hat{\theta}^{(m-1)})}.$$

M 步：在已经求得隐变量 $y_{ik}^{(m)}$ 的估计值的条件下，通过极大化对数似然函数 $l(\theta|X_j;y_{jk}^{(m)})$ 对上面得到的似然函数对 μ_k 和 $\sum_k$ 分别求偏导并令其为零，可以得到：

$$\hat{\mu}_k^{(m)} = \frac{\sum_{i=1}^n y_{jk}^{(m)} Z_j}{\sum_{i=1}^n y_{jk}^{(m)}},$$

$$\hat{\Sigma}_k^{(m)} = \frac{\sum_{i=1}^n y_{jk}(Z_i - \hat{\mu}_k^{(m)})(Z_i - \hat{\mu}_k^{(m)})^T}{\sum_{i=1}^n y_{jk}^{(m)}},$$

$$\hat{\lambda}_k^{(m)} = \frac{\sum_{i=1}^n y_{jk}^{(m)} D_j}{\sum_{i=1}^n y_{jk}^{(m)}},$$

$$\hat{\beta}_k^{(m)} = \frac{\sum_{i=1}^n y_{jk}^{(m)} A_j}{\sum_{i=1}^n y_{jk}^{(m)}},$$

$$\hat{\gamma}_k^{(m)} = \frac{\sum_{i=1}^n y_{jk}^{(m)} A_j}{\sum_{i=1}^n y_{jk}^{(m)}},$$

其中 $Z_i = (B_i, F_i)$.

现在参数空间中还剩下一个 α_k 没有求解. 对于需要满足约束条件 $\alpha_0 + \alpha_1 = 1$ 的极值问题,常采用拉格朗日乘数法,结合似然函数和约束条件对 α_k 求偏导并令其为 0,可以得到

$$\hat{\alpha}_k^{(m)} = \sum_{i=1}^n \frac{y_{ik}}{n}.$$

重复以上步骤,对于给定的 $\varepsilon = 0.0001$,当 $\|\theta^m - \theta^{m-1}\| < \varepsilon$ 时迭代停止.

最终得到的参数估计记为 $\hat{\theta}$,则第 i 个观测死亡的概率估计为

$$\hat{P}(Y_i = 1) = \frac{\hat{\alpha}_k f_k(X_i|\hat{\theta})}{\sum_{k=0}^1 \hat{\alpha}_k f_k(X_i|\hat{\theta})}.$$

显然,当 $\hat{P}(Y_i = 1)$ 比较大时更有把握认为该观测会死亡. 然后根据我们设定的阈值 p,当估计的死亡概率大于阈值 p 时,我们认为该病患为不可避免死亡,否则为可避免死亡.

3. 可避免死亡率的计算

已知第 j 所医院有 n_j 个 ICU 患者,计算该医院的可避免死亡率,即

$$AMR_j = \frac{\sum_{i=1}^{n_j} I(Y_i = 1) \times I(\hat{Y}_i = 0)}{\sum_{i=1}^{n_j} I(Y_i = 1)} \times 100\%.$$

进而计算出这 m 家医院的可避免死亡率分别为 $AMR_1, AMR_2, \cdots, AMR_m$,以其作为衡量医院医疗质量的标准,我们可以认为 AMR 的值越趋于 0,表示该医院的医疗质量越好. 通过对这 m 家医院的 AMR 的值进行排序,即可得到该地区所有医院的医疗质量的优劣.

4. 模型求解

我们搜集到某市50所综合性医院的ICU病患数据,共计15832条观测.我们用所有样本进行训练,迭代至432次后开始收敛,具体的参数估计见表3-3-2.

表3-3-2 模型参数估计表

病患情况	α	β	γ	λ	μ	Σ
未死亡	0.724	0.553	0.62	0.92	$\begin{bmatrix} 45.82 \\ 5.33 \\ 0.77 \end{bmatrix}$	$\begin{bmatrix} 71.08 & 0 & 0 \\ 0 & 26.39 & 0 \\ 0 & 0 & 0.25 \end{bmatrix}$
死亡	0.276	0.496	0.31	1.89	$\begin{bmatrix} 65.24 \\ 18.21 \\ 0.24 \end{bmatrix}$	$\begin{bmatrix} 100.39 & 0 & 0 \\ 0 & 57.99 & 0 \\ 0 & 0 & 0.24 \end{bmatrix}$

从概率的意义上讲,μ_k是第k类总体的期望,β_k是第k类人总体中是男性病患的概率,γ_k是第k类人总体中经济状况足以支付医疗费用的概率,λ_k是第k类人总体中出现并发症的数目.从参数估计上来看,男性病患相较于女性病患、难以支付医疗费用相较于能够支付医疗费用的病患死亡概率更大,同时死亡病患的平均年龄、平均住院时间、平均并发症数目都大于未死亡病患,而预估存活概率明显小于未死亡病患.

据此我们根据社会现实与当前研究的实际需要,将阈值p设置为0.73,也就是说当我们认为该患者死亡的概率小于0.73时,即认为该患者的死亡是可以避免的,反之则不可避免.因此我们得到了各个医院的可避免死亡人数和实际死亡人数的对照表,进而我们依据可避免死亡率的定义计算出各个医院的AMR的值.当以可避免死亡率作为衡量医院医疗质量的唯一标准时,可以得到各个医院的排名,表3-3-3附有前八名医疗质量较好的意愿的评价结果.

表3-3-3 医院排名

医院代号	实际死亡人数	可避免死亡人数	AMR	评估排名
H_1	186	2	1.08%	4
H_2	192	3	1.56%	6
H_3	235	2	0.85%	2
H_4	132	1	0.76%	1
H_5	173	3	1.73%	8
H_6	184	3	1.63%	7
H_7	99	1	1.04%	3
H_8	166	2	1.20%	5

同理我们计算出全部50所医院的可避免死亡率,并将其作为评估医院医疗质量的标准.

五、问题二：基于组合评价思想评估医院医疗质量

1.指标体系的建立

有关医院的医疗质量评价的研究由来已久，不少专家学者都为此做出了巨大的贡献，现今在世界范围内应用最为广泛的当属由美国绩效科学研究中心(CPS，Center for Performance Sciences)研发的专门用于评价医疗机构医疗质量的临床指标体系——国际医疗质量评价指标体系(IQIP，International Quality Indicators Project)．与国内目前所使用的医疗质量评价指标相比，该指标体系的主要特点是：更加注重医疗服务的结果和患者利益；更加关注"负性事件"；更加强调指标的可比性，指标的选择标准更加严格．但同时该体系的评价指标过多，使得对医院的评估变得非常困难．

鉴于这种境况，我们通过分析，将医院配备状况、医院职能效率及患者治疗效果三个方面作为衡量医院医疗质量的主要标准．医院配备状况主要是指医院的设备及人员的配置与协调，主要包括医疗设备与开放床位比、病房护士与开放床位比、主治医师与开放床位比和正高职称医师占比；医院职能效率是指医院在正常运行状况下的强度与效率，主要包括平均住院时间、门诊排队时间、床位周转次数和日均查房次数；患者治疗效果是指患者在接受治疗后的医疗结果，主要包括可避免死亡率、术后感染率和重返ICU比率．具体的指标层次结构如图3-3-1所示．

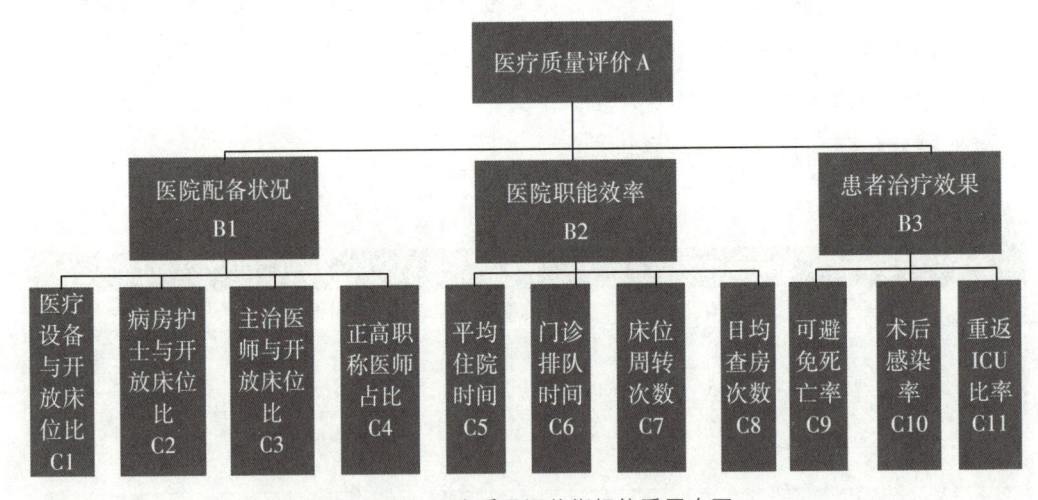

图3-3-1　医疗质量评价指标体系层次图

2.基于组合思想的评价模型

当前已有不少专家学者都相继采取不同的评价方法来评估医院的医疗质量，并取得了显著的成果，主要通过秩和比法、TOPSIS法、综合指数法及密切值法等对医院的

医疗质量进行综合评价.考虑到每种评价方法的思想各有侧重,我们尝试基于组合的思想运用上述方法对医院的医疗质量进行组合评价.

(1)选取具有代表性的几种评价方法,主要包括TOPSIS法、RSR法、灰色关联度法和密切值法.下面是我们对各个评价方法的简单理解.

TOPSIS法:考量所有评价对象的基本指标与理想化目标的基本指标的接近程度,并进行排序,即可得到现有评价对象的相对优劣.

RSR法:对评价对象的基本指标进行秩转换,获得无量纲统计量RSR,以RSR的值直接对医院质量的好坏进行排序,从而对医院做出综合评价.

灰色关联度法:将评价对象中各指标间关联程度进行量化,依据不同序列曲线之间几何形状的相似程度来判断其与参考序列是否紧密,关联度愈大,则表示与参考序列的好坏愈相近,最终得到所有评价对象的相对优劣排序.

密切值法:根据评价对象的指标实际值构成最优点和最劣点,求出实际情况的密切值,按照密切值的大小进行排序,找出尽可能接近最优点而远离最劣点的决策点,即可得到最优的评价结果.

(2)利用Spearman事前等级相关系数法对上述几种综合评价方法的评价结果进行一致性检验,计算第k种和第l种评价方法的Spearman等级相关系数ρ_{kl},

$$\rho_{kl} = \frac{\sum_{i=1}^{m}(x_{ik}-\overline{x}_k)(x_{il}-\overline{x}_l)}{\sum_{i=1}^{m}(x_{ik}-\overline{x}_k)^2 \sum_{i=1}^{m}(x_{ik}-\overline{x}_l)^2}$$

(3)基于一致性的条件下对4种综合评价结果进行组合评价.本文利用模糊Borda组合评价法进行综合评价.具体步骤如下.

第一步:计算隶属度

$$R_{ij} = \frac{\chi_{ij} - \min_i\{R_{ij}\}}{\max_i\{R_{ij}\} - \min_i\{R_{ij}\}},$$

其中,R_{ij}为第i家医院第j种评价方法的得分,μ_{ij}为第i家医院在第j种评价方法下属于"优"的隶属度.

第二步:计算模糊频率

定义模糊频数为

$$p_{ih} = \sum_{j=1}^{4} \delta_{ih}^{j} \mu_{ij},$$

其中 $\delta_{ih}^{j} = \begin{cases} 1, & \text{医院} i \text{在第} j \text{种方法下排第} h \text{位} \\ 0, & \text{其他} \end{cases}$，则模糊频率可以定义为

$$w_{ih} = \frac{p_{ih}}{\sum_h p_{ih}}.$$

第三步：将排序转化为得分

$$Q_h = \frac{1}{2}(m-h)(m-h+1),$$

其中 Q_h 表示第 i 家医院排在 h 位的得分．

第四步：计算模糊 Borda 得分

$$B_i = \sum w_{ih} Q_h \ (i = 1, 2, \cdots, m),$$

B_i 值越大，表明排序越靠前．

(4) 利用事后检验的 Kendall 一致性检验法检验组合评价结果与原有几种方法结论的一致性，已知各个待评估医院的各种评价得分，首先计算出各个待评估医院四种评价得分的行和 $R_i = \sum_{j=1}^{m} R_{ij}$，接着计算出所有待评估医院评价得分的列平均值，进而计算出四种评价得分的 Kendall 协调系数 W，

$$W = \frac{12s}{4^2(m^3 - m)} = \frac{12\sum_{i=1}^{N} R_i^2 - 3 \times 4^2 m(m+1)^2}{4^2 m(m-1)},$$

$$s = \frac{\sum_{i=1}^{m}(R_i - R)^2}{4}.$$

3. 模型求解

(1) 四种评价结果及其排序

据此，我们收集到问题一中所涉及的某市 50 所综合性二级甲等医院的各指标数据，以其中 8 家数据为例，数据见表 3-3-4．

表 3-3-4　8 家医院数据

医院	C_1	C_2	C_3	C_4	C_5	C_6	C_7	C_8	C_9	C_{10}	C_{11}
H_1	0.813	0.53	0.38	3.7	6.63	15	50.24	3	0.012	0.013	0.0101
H_2	0.599	0.39	0.32	0.952	6.79	10	33.6	5	0.022	0.006	0.0126
H_3	0.596	0.69	0.29	2.36	7.2	18	40.48	4	0.026	0.001	0.0078

续表

医院	C_1	C_2	C_3	C_4	C_5	C_6	C_7	C_8	C_9	C_{10}	C_{11}
H_4	0.732	0.41	0.36	1.59	7.57	16	29.8	3	0.027	0.016	0.019
H_5	0.716	0.45	0.3	0.69	11.3	9	46.47	4	0.029	0.0026	0.0233
H_6	0.623	0.36	0.25	2.3	6.95	11	39.75	3	0.042	0.004	0.0211
H_7	0.691	0.51	0.3	1.96	14.2	13	31.2	5	0.028	0.012	0.0144
H_8	0.563	0.47	0.31	1.02	6.44	8	40.11	3	0.035	0.003	0.0112

由于原始指标中既有正向指标，也有负向指标，主要有包括平均住院时间、门诊排队时间、可避免死亡率、术后感染率和重返ICU比率，因此在进行组合评价时需要对反向数据反向处理，在此我们选择对反向数据取倒数.进而分别采用TOPSIS法、RSR法、灰色关联度法和密切值法对上述8所医院的医疗质量进行评价，得到其评价得分及排序，见表3-3-5.

表3-3-5　各种评价方法的得分及排序

医院	TOPSIS法 得分	排序	RSR法 得分	排序	灰色关联度 得分	排序	密切值法 得分	排序	综合评价法 得分	排序
H_1	0.5393	1	0.6875	1	0.6890	1	0.0337	1	0.9742	1
H_2	0.3757	6	0.5625	5	0.4553	6	0.5937	6	0.5937	6
H_3	0.4496	3	0.5875	3	0.5379	2	0.3592	3	0.9592	3
H_4	0.4051	4	0.5750	4	0.4986	4	0.5230	4	0.9230	4
H_5	0.3718	7	0.5125	7	0.4544	7	0.6081	7	0.4081	7
H_6	0.2559	8	0.4250	8	0.3953	8	0.9798	8	0.3798	8
H_7	0.4744	2	0.6250	2	0.5345	3	0.2540	2	0.9607	2
H_8	0.3941	5	0.5250	6	0.4886	5	0.5607	5	0.6007	5

(2) Spearman事前相关性检验

对四种方法的结果进行Spearman事前等级相关系数检验，相关分析显示四种评价结果两两正相关，同时P值均小于0.001，表明通过一致性检验，即这四种评价方法所得的医院排名是一致的，结果见表3-3-6.

表3-3-6　各种评价方法的Spearman等级相关系数

项目	TOPSIS法	RSR法	灰色关联度法	密切值法
TOPSIS法	1	0.901	0.934	1
RSR法	0.901	1	0.899	0.911
灰色关联度法	0.934	0.899	1	0.944
密切值法	1	0.911	0.944	1

(3)组合评价排名

利用上文所建立的组合评价模型计算出各医院的最终排名,结果见表3-3-8.

(4)组合评价结果的事后一致性检验

将组合评价结果与四种单一评价结果进行Kendall协调系数检验,显示Kendall w = 0.936,同时 P 值小于0.001,表明组合评价法与四种单一评价结果具有一致性,也能够有效说明我们评价的合理性.

4.分科室计算

与上面综合分析不同医院的质量相同,我们针对不同医院的相同科室也应用相同的指标来对科室进行分析,具体结果见表3-3-9.

六、问题三:"用户友好"备忘录

备忘录

尊敬的用户:

您好!

根据我们对50家医院不同科室的分析,我们给出了这50家医院的可避免死亡率排名(表3-3-7)、综合排名(表3-3-8)、各科室排名(表3-3-9).您可以根据这50家医院的三种排名来选择最适合您的医院.

表3-3-7 可避免死亡率排名

医院序号	排名	医院序号	排名	医院序号	排名	医院序号	排名	医院序号	排名
1	15	14	17	27	44	40	50		
2	27	15	46	28	19	41	5		
3	38	16	25	29	36	42	7		
4	3	17	42	30	4	43	33		
5	39	18	9	31	28	44	13		
6	40	19	29	32	8	45	49		
7	12	20	26	33	20	46	48		
8	18	21	47	34	41	47	31		
9	24	22	1	35	6	48	43		
10	32	23	22	36	10	49	16		
11	34	24	23	37	21	50	30		
12	35	25	2	38	11				
13	14	26	45	39	37				

如果您更看重医院的医疗效果,建议您根据可避免死亡率排名表来选择医院,并结合您的实际情况,如您家与医院的距离、您的经济状况等选择排名靠前的医院.

表3-3-8　医院综合排名表

医院序号	排名	医院序号	排名	医院序号	排名	医院序号	排名
1	39	14	22	27	37	40	27
2	14	15	23	28	50	41	35
3	4	16	49	29	47	42	9
4	31	17	41	30	25	43	40
5	43	18	46	31	48	44	6
6	1	19	17	32	5	45	20
7	19	20	33	33	3	46	11
8	36	21	44	34	13	47	15
9	2	22	10	35	30	48	32
10	45	23	21	36	24	49	7
11	38	24	16	37	42	50	12
12	29	25	34	38	26		
13	8	26	28	39	18		

如果您更看重医院的综合排名,建议您根据医院综合排名表来选择医院,并结合您的实际情况,如您的病重程度、经济状况等选择排名靠前的医院.

表3-3-9　医院各科室排名

医院/科室	内科	外科	妇产科	儿科	五官科	口腔科	皮肤科	传染科	肿瘤科	精神科	急诊科
医院1	48	18	38	30	44	40	14	13	11	21	34
医院2	25	35	24	8	30	14	13	38	37	11	43
医院3	44	48	40	40	47	4	17	40	18	42	13
医院4	35	47	14	48	3	31	45	47	23	40	4
医院5	21	34	1	41	29	43	30	24	7	28	10
医院6	29	20	29	21	13	9	22	10	41	10	20
医院7	41	45	16	14	43	19	11	11	31	31	15
医院8	9	26	47	35	9	36	50	25	33	8	44
医院9	17	46	45	10	22	2	23	36	40	20	3
医院10	49	2	22	47	19	45	43	16	3	17	29
医院11	18	29	3	28	42	38	35	22	50	23	5
医院12	32	39	37	27	34	29	20	32	25	50	41
医院13	43	9	44	7	11	8	44	45	38	36	6
医院14	50	21	49	4	15	22	41	7	35	48	26
医院15	31	10	4	11	5	23	29	35	44	9	50
医院16	6	19	27	43	33	49	42	27	8	22	21

续表

医院/科室	内科	外科	妇产科	儿科	五官科	口腔科	皮肤科	传染科	肿瘤科	精神科	急诊科
医院17	2	24	33	45	28	41	46	20	24	3	2
医院18	28	31	39	31	7	46	24	42	30	37	8
医院19	26	3	41	33	6	33	18	18	49	29	22
医院20	45	32	36	9	24	17	34	8	45	44	19
医院21	36	15	42	26	46	44	47	31	48	49	11
医院22	33	13	19	38	27	21	37	30	26	46	46
医院23	23	14	32	19	1	10	21	15	27	18	33
医院24	12	7	8	50	2	16	39	37	46	1	48
医院25	46	50	5	3	41	34	49	50	1	24	24
医院26	24	49	50	18	23	28	32	49	47	6	47
医院27	1	44	17	22	18	37	31	5	22	7	1
医院28	34	40	34	1	39	50	16	12	2	12	30
医院29	22	8	48	34	17	47	7	1	36	4	37
医院30	4	23	11	25	26	25	12	28	6	34	12
医院31	42	11	12	24	35	48	9	3	5	35	45
医院32	16	1	18	39	45	5	28	19	28	25	35
医院33	11	17	46	44	16	3	3	41	13	13	38
医院34	8	38	21	37	32	13	48	26	17	43	27
医院35	15	36	15	17	48	30	36	17	20	27	36
医院36	10	30	10	20	4	24	1	9	21	47	18
医院37	30	25	23	36	31	42	4	21	19	45	9
医院38	5	16	20	6	20	26	15	46	29	15	17
医院39	13	27	9	5	14	18	27	4	9	26	28
医院40	14	42	25	13	12	27	10	23	10	14	40
医院41	40	43	7	23	37	35	2	39	4	30	16
医院42	19	33	35	49	50	1	38	2	16	39	23
医院43	37	41	2	32	8	39	19	34	39	33	42
医院44	27	37	31	16	38	6	40	48	12	5	31
医院45	38	5	43	15	10	20	26	14	34	41	49
医院46	7	28	13	42	49	11	25	6	32	2	7
医院47	47	22	26	46	40	15	5	33	42	19	39
医院48	39	4	30	29	21	32	6	44	43	32	32
医院49	3	6	6	12	36	7	8	29	14	38	14
医院50	20	12	28	2	25	12	33	43	15	16	25

如果您想针对您的实际病情选择最擅长治疗该种疾病的医院,建议您根据医院的各科室排名来选择医院.

七、模型评价

1. 问题一中模型的优缺点评价

在混合模型中,要判断一个病患的死亡是否是可避免的,我们认为这是一个死亡的概率问题.对每一个患者的指标数据都假设存在一个潜变量与之对应,来表示其是否会死亡,这样每种总体的分布也就会不同.我们研究的目的在于事件的发生概率,计算精度相对较高,提供假设不同总体的概率分布,结合EM算法对不完全数据求解,不断迭代,直至收敛,这样一来可以消除异常值和不必要因素的干扰.以概率思想为基础,基于后验分布的贝叶斯公式计算出可避免死亡率来衡量医院的医疗质量.但是,EM算法也有一个比较明显的缺点:隐变量的出现导致求解极大似然估计变得不再可行,因此求得的参数估计并非十分精确.这一点有待后续探究.

2. 问题二中模型的优缺点评价

组合评价模型适用于评价多主体对多层次多类指标评价信息的整合,它结合了多种评价方法的优缺点,能够较为有效地避免单一评价方法的不足,此时的评价结果也更加可信,其中的TOPSIS法、RSR法、灰色关联度法和密切值法都分别能够有效地评估多层次主体.其优点在于有效将定性方法与定量方法有机地结合起来,使复杂的系统分解,能将人们的思维过程系统化,便于人们接受,且能把多目标、多准则又难以全部量化处理的决策问题转化为多层次单目标问题,从评价者对评价问题的本质、要素的理解出发,来进行综合评价.其缺点在于从定量的数据转化为定性的数据后,遗失了原始样本的部分信息,且由于组合了多种评价方法,使得模型的实际操作变得相对复杂.

第四章

数学建模竞赛参赛指导

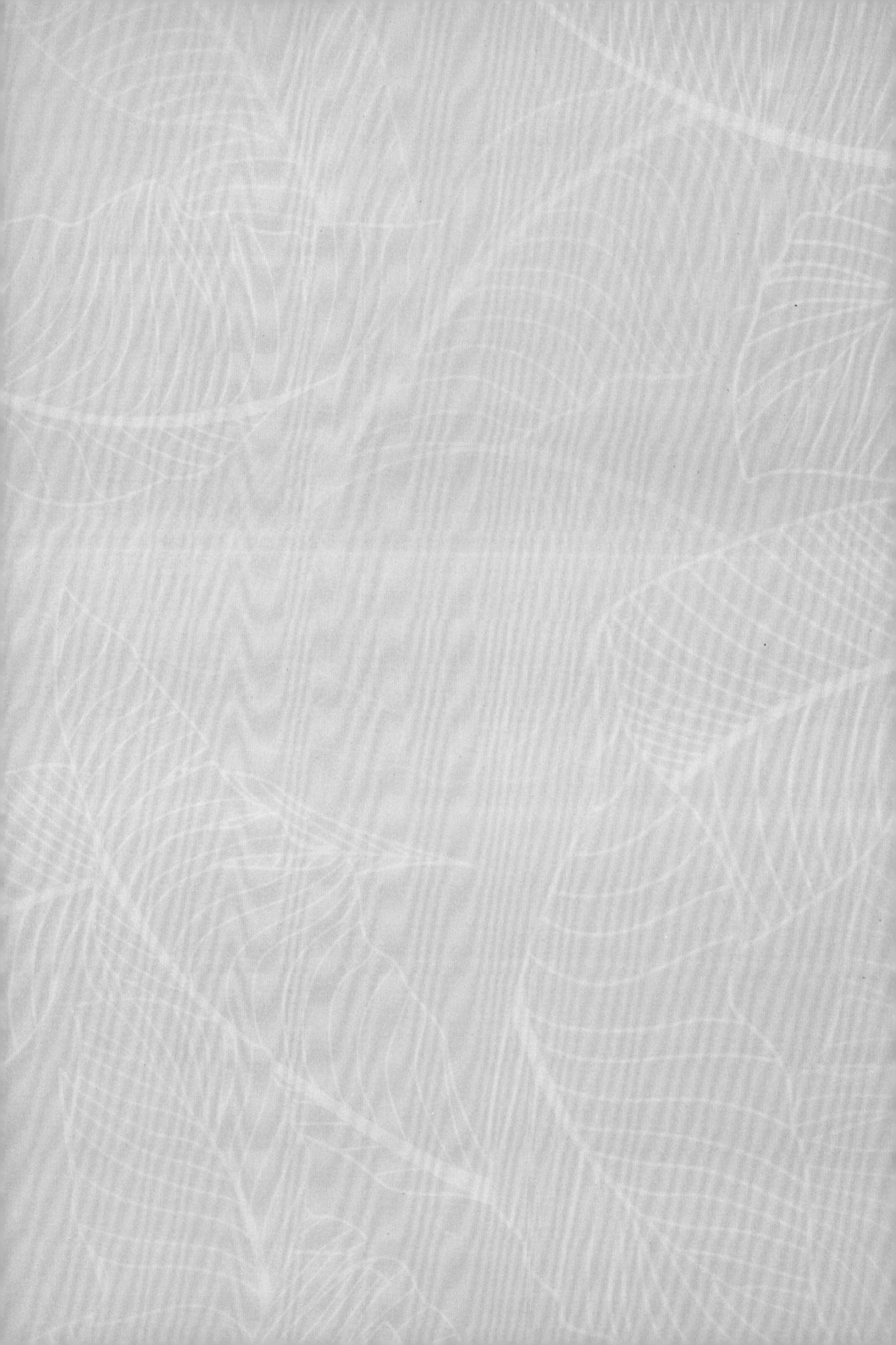

4.1 数学建模教学指导

建立数学建模教学体系是教学团队建设的核心要求.构建教师合作文化,创建和打造优秀数学建模教学团队,不仅是教学团队建设的根本要求,也是开展数学建模教学的内在要求.

一、数学建模教学体系的建立

聚焦"基于综合实践的生涯教育",在"培养兴趣、科普知识、规划生涯、锻炼能力"的目标指引下,主要开展了以下三个方面的活动.

1. 知识普及类活动

为帮助学生奠定数学建模的基础,可通过开设选修课为他们的未来数学建模学习做好准备.具体的课程包括:《中学生数学建模》《从数学角度看生活经济》《生活经济中的数学建模》等.

2. 实践应用类活动

为数学建模爱好者搭建科普交流平台,借助本校的专业优势,通过科普讲座、实践应用案例分享等方式,为广大数学建模爱好者提供一个相互交流的平台.在这个平台上,我们可以宣传数学建模的基本知识,提升每位学员的综合素质,激发学员的创造力,加强学员的应变能力,培养团队精神和拼搏精神,活跃校园学术气氛.

3. 知识竞赛类活动

为学生学以致用,体验比赛,组织参加数学建模相关的国内国际比赛,中学生可以参加的具体比赛如下:

(1)国际数学建模挑战赛(IMMC).

(2)美国大学生数学建模比赛(MCM/ICM).

(3)"深圳杯"数学建模比赛.

(4)东北三省数学建模比赛.

(5)五一数学建模比赛.

(6)"认证杯"数学建模比赛.

二、数学建模教学建议

研究评价系统实验论证了数学建模培训可以提高学生的数学建模竞赛能力,针对这一评价结果给出以下教学建议.

1.以问题引领教学,促进学生有效思考

新课程强调,通过数学学习,学生能够体会数学与生活之间的联系,运用数学的思维方式进行思考,并增强发现和提出问题、分析和解决问题的能力.教师应当把引导学生质疑作为课堂教学中的一个必不可少的环节,并保证有一定时间留给学生进行质疑.课堂教学应首先把唤起学生的问题意识看作创新的动力源泉.

2.引领学生抓住数学本质,经历数学化过程

新课程强调,在呈现作为知识与技能的数学教学结果的同时,要重视学生的已有经验.让学生体验从实际情境中抽象出数学问题、构建数学模型、寻求结果、解决问题的全过程.以趣味导入,让学生在探索中体验;贴近生活,提高学生解决问题的能力;在观察中体验数学,巩固知识点;设置开放的情境,培养学生的创新思维能力.高中生具有较高的认知水平,他们接受数学新知识的过程,往往以已有的知识作为支点,逐渐过渡到对新知识的认知,从而改变自身知识结构,逐步丰富他们的知识储备,以实现新的飞跃.这样循环往复,就会使数学积淀愈加深厚,从而使运用数学知识的能力得以提升.在实现旧知识与新知识过渡、融合的过程中,教师要引导他们做好知识的顺利对接.

3.引领学生总结数学问题,经历模型化过程

新课程改革明确强调了数学建模的重要性,越来越多的研究者开始关注学生数学模型的建立和处理能力.每位数学教师都有责任在教学中渗透和应用建模思想.当

前,应用题的教学趋势正在逐步转向更贴近实际、更生活化的问题来源,条件和结论更加模糊,学生需要自己去挖掘可用信息,进行分析,进而得出最终结论.因此,应用题教学的发展趋势正在逐步向数学建模过渡.在数学教学中,合理渗透数学建模的思想,可从应用题教学开始.

4.加强学生求解数学模型能力

数学建模竞赛能力涵盖多个方面,竞赛时主要考查学生对新知识的接受能力和学习能力、利用互联网搜寻数据或信息的能力、数据处理能力、将实际情境转化为数学语言的能力、阅读理解能力以及交流合作的能力.因此,培养学生的这些能力显得尤为重要.通过两年的教学发现,学生可以建立模型,但是模型的求解成功率低。数学模型的求解不是简单地用笔运算,它考查学生利用计算机编程计算的能力.因此,在教学过程中,要加强学生求解数学模型的编程能力.

5.培养学生模型解释和推广能力

解释数学模型与生活问题的关系,用数学模型求解结果去解释生活问题.分析生活问题的本质特征,可以将数学模型推广到相同本质特征的生活问题中去.模型可解释和可推广是数学建模非常重要的一件事情.

6.开设数学建模选修课程

大多数学生对数学建模有模糊的认识,因此,开设数学建模选修课程,可以使学生初步了解基本的数学建模理论和思想.然后,根据学生的接受能力和认知发展水平,逐渐增加相应的建模练习.在建模练习的过程中,尽量让学生亲自参与,教师作为学生活动的引导者,必要时可以给予学生一定的理论支撑.这样可以使学生在实践中学习和掌握数学建模技能.

三、数学建模教师团队的多元构建

所谓团队,美国学者卡曾巴赫认为,是指有一定的互补功能,愿意为了实现共同目标而相互协作的个体所组成的正式全体.团队要以任务为导向,具有共同目标,保持有效交流和合作.为改变当前教学团队建设中存在的合作形式局限、合作观念缺乏、合作效率低下的现状,可以采取以下措施:多元构建,组建教学团队;项目引领,建立合作机制;分享交流,倡导合作文化;等等.

1.数学建模教师团队现状

(1)不清晰的团队目标.

(2)不合理的团队构成.

(3)不明确的团队精神.

(4)不完善的管理机制.

2.数学建模教师团队建设策略

(1)明确团队目标

根据人才培养目标,结合数学建模课程特点和学生具体情况,制定明确、可行的过程性发展目标.以数学建模素养的培养为导向,形成稳定的教师团队.

(2)多元组建团队

教师团队的组建不仅需要踏实的工作态度,还需要专业知识背景.因为数学建模不仅涵盖数学学科,还涉及许多其他知识领域,所以数学建模团队的教师不应仅限于数学学科教师,应鼓励其他学科的教师也参与数学建模团队,实现教师团队成员专业间的优势互补,促进学科融合,最终打造一支涉及领域广、专业知识面广,集教学、竞赛指导、科研三位一体的教师团队.

(3)鲜明向上的团队精神

构建团队需要一种鲜明向上的团队精神.团队精神是团队的灵魂,能调动团队教师工作的积极性,使团队教师和谐相处,实现团队教师每一个人的最大价值.

(4)完善管理机制

制定数学建模督课制度、研课制度、出勤制度.建立一套涵盖课程讲解、竞赛学生选拔、竞赛学生集训、竞赛学生指导、教师团队科研的数学建模教师评价系统.

4.2 参与数学建模竞赛的建议

在训练和竞赛中,队员的能力并非始终稳定,他们也需要经过特别的数学建模竞赛培训和参赛经验的积累才能提高参赛水平.此外,数学建模竞赛比的并非个人能力,而是小组的团体能力.因此,想要在比赛中获得大奖,不仅要提升每一个队员的参赛能力,还要提升小组的团队协作能力.

教练们在平时的学科教学过程中,发掘了优秀的参赛苗子就要动员他们参加建模培训.此外,结合各学科的竞赛培训,在固定的时间举行数学建模竞赛集中培训,并在每学期开学时组织系统的学员筛选.经过一系列系统的选拔,将最终留下的参赛选手进行集中培训备赛.接下来从建模竞赛的赛程来介绍建模小组的构建.

一、建模小组成员的选择

参赛队伍一般由三个成员组成,理想状态是:一个同学擅长建模,一个同学擅长编程,一个同学擅长写论文.如果参加国际数学建模竞赛,最好还有一个同学擅长写英语论文.这种小组配置是传统的"高配".摒弃"不在其位,不谋其政"的态度,注重团队协作和沟通.

二、文献检索能力的培养

绝大部分的建模小组看到题目的前3个小时根本不知道题目在说什么,题目要求是什么,通过好几个小时的文献检索才能慢慢地知道题目在说什么,问题是什么.

那么,何为文献检索?在不同时期有不同诠释.在古代,孔子说:"夏礼吾能言之,杞不足征也;殷礼吾能言之,宋不足征也.文献不足故也."在近代,文献被定义为具有历史价值的文章和图书或与某一学科有关的重要图书资料.现代则认为,文献是记录有人类知识和信息的一切载体.本文定义文献检索(Document Retrieval)为根据学习和工作需要获取文献的过程.文献检索的主要步骤如下.

1.分析问题,明确查找目的与要求

根据题目的背景确定需要的文献类型和年代范围.

2.选择文献检索工具

常用的检索工具如下：

（1）CNKI资源总库http://www.cnki.net/（大部分自创刊起）

（2）维普数据库http://www.cqvip.com/（1989年至今）

（3）万方数据库http://g.wanfangdata.com.cn/（1998年至今）

（4）超星电子图书http://shu.sslibrary.com/（图书资源200万种）

（5）Web of Science http:// www.webofscience.com

（6）Elsevier SDOL http://www.sciencedirect.com

（7）百度学术http://xueshu.baidu.com/

根据研究领域选择适合的检索工具,如PubMed、Web of Science、CNKI等.

3.确定检索途径和检索词

选择合适的检索途径,如主题、题名、作者、关键词、摘要等,并确定与研究方向相关的关键词.并根据时间、作者、期刊、主题等信息筛选获取最符合研究目标的文献.

4.根据文献线索,查阅原始文献

找到相关的文献线索,再通过图书馆、在线数据库等途径获取全文.并将所获取的文献进行整理和归纳,将有用的信息提取出来,组织成符合自己需求的格式.

即使没有参加过比赛的选手也不需要紧张.面对比赛要冷静,"兵来将挡,水来土掩".当遇到不熟悉的领域时,不要惊慌失措,而是要学会进行文献检索.这样,你就能站在巨人的肩膀上观察世界,并培养出自我学习的能力.甚至,你还可以培养出终身学习的能力.

三、竞赛进程建议

比赛正式开始的第一天,参加比赛的你做好"恶战"的准备了吗？

一般来说,数学建模比赛只有四天三夜的时间,想要在四天三夜的时间里完成一篇二三十页的数学建模论文其实并不容易.因此,合理安排时间就显得格外重要.以国际数学建模挑战赛为例,为期96小时的比赛时间该如何合理有效地分配呢?

接下来,我们将根据不同的建模水平(低、中、高)来讨论合理有效的时间安排.由于各个数学建模比赛的开始时间不同,为了提高普适性,我们将以小时为单位进行讨论.

1.选题

选题是至关重要的一个环节,务必保持冷静,仔细阅读每个赛题,并认真思考.即使已经看完一遍,可能仍无任何头绪.那应该怎么办呢?

此时,寻求指导老师的帮助或许是个好主意,但老师可能未看过题目,也没有思路.这时,文献检索就派上用场了.小组成员应按照前面的方法,搜集各个题目的相关信息,尤其是文献,并将下载的相关文献分类整理好.阅读整理后的文献后,通常会形成解题思路.有了思路后,小组成员可进行头脑风暴,讨论每个题目,并认真记录.带着记录去找指导老师,一起探讨,最终确定选题.

若没有指导老师,小组成员可以一起讨论.如果讨论结果一致,选择大家一致同意的题目.如果出现分歧,建议选择参考文献最多的题目.

整个选题过程大约需要6~10小时,这已经是很快的了.这样选出来的题目,能确保不会做到一半就换题.而且,尽量不要半途换题,时间真的来不及.如果发现选错了题目,也尽量坚持去做.因此,建议低水平队伍选题时间8~12小时,中水平选题时间6~10小时,高水平选题时间4~8小时.

2.建模与写作

选题确定后,着手开始建模.由于第一题是深化对题目的理解,所以是统一小组成员建模思想的绝佳时期,因此建议小组成员一起讨论第一个问题,确定第一个问题的模型.之后,擅长写作的队员开始撰写第一题的论文,擅长编程的队员则开始编写第一题的程序,而擅长建模的队员则继续求解第二个问题.当队员完成自己的任务后,可以去协助其他人.按照此模式,当第一个问题的所有内容均完成后,小组再一起讨论第二个问题。依此类推,直到解决所有的问题.

最后一个问题的数学模型讨论通过后,擅长写作的队员开始撰写最后一题的论文,擅长编程的队员开始编写最后一题的程序,而擅长建模的队员则需要从第一个问题开始重新检查、完善和查缺补漏.在最后一个问题的撰写、编程完成后,所有队员再一起进行通篇检查.

以参加国际数学建模挑战赛的学生为调查对象,从调查结果可以看出,绝大多数人真正用于建模与写作的时间为40～60个小时(这里的40～60个小时不算吃饭、睡觉及中途休息的时间).根据建模与写作的不同水平,建议低水平队伍建模与写作至少60小时、中水平队伍建模与写作至少50小时、高水平队伍建模与写作至少40小时.

3.摘要与排版

每一篇论文的初次评阅时间不超过3分钟,有的甚至30秒就评阅结束了.是不是觉得不可思议?但事实确实如此.那么,如何在这么短的时间内脱颖而出?

摘要是在数学建模竞赛论文中最重要的一部分.摘要的三要素:解决什么问题,应用什么方法,得到什么结果.建议在完成论文主体后再写摘要.

在论文写作排版过程中,能用表格就不要用文字,能用图像就不要用表格.此外,要注意表格的多样性,可以是柱状图、饼状图、折线图、3D图像等.这样可以让论文整体看起来图文并茂,通俗易懂.

排版很麻烦,需要大量的时间,所以最少预留4个小时进行排版.对于国际数学建模挑战赛的论文,摘要和关键词需要写中文和英文.如果时间充足,所有队员可以一起写中英文摘要;但如果时间不太充足,擅长写论文的队员负责整个论文的排版,其他队员则一起写摘要.建议排版时间,低水平队伍预留5小时,中水平队伍预留4～5小时,高水平队伍预留2～4小时.

因为每个赛题的难度不同,所以这里所说的时间分配也不一定非常合理.大家可以根据自己队伍的实际情况进行灵活调整.在连续的96小时的时间里,建议大家最后一天通宵,前面两天不要通宵,否则身体吃不消.然后至少提前一小时提交论文.